我去安地斯山一下

謝忻的南美洲之旅

U0085158

目錄 Contents

第一章

沿途的風景

第二章
旅行，總是帶來驚喜

第三章
蟄伏的記憶

第四章
是誰在那個角落

後記

我比她更了解她

一開始

我想，在先不看這書

就以我多年來對她的認識來完成這篇序文

為了什麼

為了想證明我有多了解她

因為我們同是典型的射手座

在她身上很不甘願的也會看到自己

對這世界她總是

充滿著源源不絕的好奇

大多數人都誤以為她很勇敢、不怕危險

事實上是在面對自己想要的旅行時，

都會過度興奮而把害怕丟在一旁，遺忘恐懼

（就像掉東西……）

但是不管如何

這一秒受傷了

下一秒還是會用大笑來撫平傷口

這就是我認識的謝忻

而

看完了這本書……（真該死 $% ￥ £€＾～）

果不其然

我比她本人更了解她自己

電視裡

她不正經

她瘋狂無厘頭

她胡言亂語

她千奇百怪

在書中

粗枝大葉的她其實暗藏細膩的心思

小小的眼睛有著大大的世界

那世界浩瀚無際、生動美麗

感覺身歷其境

認識她

沒有其他管道

只有

也是唯一

就是

透過這本書

透過文字

你會

開始蠢蠢欲動

意猶未盡

迫不及待她的下一趟旅程

地表最強的男人

揹起探險的行囊 前往世界彼端

頂著主修鋼琴，副修長笛，以音樂碩士優異成績歸國的謝忻，

滿口流利英語的小女生，當年常常優雅靦腆出現在我們的面前。

一同工作多年，幾經調教後，竟喚起謝忻真正的豪邁靈魂！

不拘小節、大剌剌的個性，讓她廣結善緣，交友廣闊。

她用最真誠的態度，對待周遭的人事物，

也用最憐憫的心，無怨無悔地照顧無家可歸的流浪動物，

我想，她自己也沒想過，十年後竟搖身一變，成為演藝圈的──外景小公主！

謝忻規劃一年，做足功課，為的就是能夠平安順利的走完這一趟期待已久的旅程，她跟我一樣，絕對不在重要的時刻，浪費光陰以及漫無目的虛耗時間。終於，她揹起向世界探險的行囊，口袋滿載冒險的決心，還換上台灣正港有點台味，由

浩角翔起指導過的台語口音，頭也不回地前往世
界的彼端——南美洲！

謝忻帶領我們插旗南美洲，當中幾經波折甚至差
點兒丟掉性命，可能有些粗魯的內心戲小髒話，
當然也不乏賺人熱淚的溫情小故事，走吧！讓我
們跟著謝忻一起去安地斯山一下囉～

自己的大未來自己挑戰
自己的工具書自己買單

噗嚨共天團——浩角翔起

血液中流著浪人因子的謝忻

在義大利的山城——西耶納，讀著我師弟謝忻的《我去安地斯山一下》，差一點就重新安排我的流浪行程，但旅行社說要再加 10 幾萬！！好吧，那就安排再下次的流浪好了。

閱讀過程當中，我想起師弟曾經提過他的爸媽，貸款去旅行的故事，然後我第一次看到謝爸爸，他的外型讓我真心覺得他就是個浪人，如果是你，你也肯定一眼就會在人群中認出他來，但是如果人群中有兩個都很像浪人，那你就選比較像北原山貓的那個就是了。

同樣流著浪人血液的師弟，有一回從印度回來，我打從心底覺得那是我認識他以來，最接近女人的一刻，那個帶著靈氣，像個小精靈一樣的謝忻，又回來了；我說：快跟我分享這趟旅程精彩的故事，她說：就腸胃炎，瘦了 3 公斤；嗯……多麼發人深省的一段旅行搭配多麼適合旅行的一個人啊！

讀這本書，就像跟一個心思細膩又神經質的好笑朋友，一起出去玩，當然也要有謝忻這種 8 年前的今天發生什麼事說過什麼話都記得的奇才，才有辦法這麼地毯式的說故事。

讀完這本書之後，我已經開始期待第二本了，謝忻聽好囉，我希望妳可以帶我們去南極玩，我相信妳一定可以幫每一隻企鵝取最適合他們的名字，而且還會把跟他們的對話紀錄下來，甚至會發起認領流浪企鵝的活動，是吧！這就是只有在妳身上才會發生的美好故事！

噗嚨共天團──浩角翔起

旅行，試著讓自己成為更好的人

生命中，總有些特別的機運，驅使我們走向遠方。

在異鄉的星空下，我們勇敢審視自己的生活，試圖釐清外在的紛擾、煩憂及苦悶。在陌生的旅程中，我們仔細爬梳內心的孤獨、怯懦與迷惘。再返回安逸舒適的生活日常後，我們重新定義生命的內涵、找回初衷與方向，試著讓自己成為更好的人，為接下來的人生，注入充盈豐沛的能量。

正因為我們熱愛生活，所以我們需要出走，在移動與冒險中成長。

如果你和謝忻一樣嚮往自由，對生命充滿期待，對未知無比好奇，那你更該走入她的文字世界，探究神秘狂野的南美風情，透過謝忻的心與眼，看見她對世界獨特的細膩與溫暖。

旅行作家、知名節目主持人

外景人的南美小旅行

我是謝忻,是個熱愛自由,奔放不羈的射手座
是個從小唸音樂的基隆人。
從倫敦回台灣後,本來應該要按部就班的在學校
當老師,不料卻誤打誤撞的進了演藝圈,也就這
樣走跳闖蕩了 10 多年。

喜歡旅行這個興趣,從小就被熱愛出國玩的媽媽
影響,30 幾個國家,120 個城市吧!
這些地方都有我步行的足跡。
而在台灣日曬雨淋的每一次例行外景也是既辛苦
又有趣的短旅行。

我喜歡接觸人群,我喜歡到不同的地方冒險去,
山裡,或雲霧裡。
當個四處漂泊的外景人,彷彿天生就註定。
四處走走看看已經是我生活中不可或缺的動力。
這本書,是關於一個外景人在南美洲的小旅行。
大家好,我是謝忻。

開場白

誰說一定要背著背包壯遊才是所謂的旅行，
我的旅行就是張開雙臂擁抱每個城市的熱情。
懷著對世界無止盡的好奇心，
我只是想在有限時間裡去看看世界有多大多不可思議，
然後帶著很多故事回來說給你聽。

轉機了 3 次，坐了 30 個小時的飛機，吃了 6 餐的飛機餐並且斷
斷續續看了 8 部電影之後，我終於踏上了南美洲這一塊充滿熱情
活力的土地。
坐飛機坐到屁股都快開花了，終於，飛機降落在這個我一直朝思
暮想的南美洲大陸。

又或者是。
省吃儉用了好久，規劃了半年的南美洲行程終於在今天實踐了。
在機場 check in 的時候有一種說不出來的感動，我真的要飛那
麼遠的地方了！

還有一種散文慣用的聲音直接破題──
「媽～我要飛去遙遠的南美洲了。」
以上這幾種千篇一律的開場白──我是不會用的。

有人把旅行當成一種自我的救贖。
有人想藉由一趟旅行去重新認識自己。
有的人旅行是為了逃避。
有人說旅行是為了放逐自己。
有人從日常生活中追求旅行，有人從旅行中尋找一種日常生活。

誰說一定要背著背包壯遊才是所謂的旅行，我的旅行就是張開雙臂擁抱每個城市的熱情。

我無時無刻都在旅行，充其量只是遠近的問題而已。
今天坐高鐵轉乘小巴到嘉義，下星期坐捷運換機捷到桃園外景。
每年的 11 月熟門熟路的飛去曼谷，給四面佛爺爺說聲生日快樂，
遙不可及的南美洲我也即將要插旗。
對已知或未知的旅程總是充滿著無止盡的好奇心。

「輕鬆點。」我莞爾一笑，

反正就是出去玩，我要張開雙臂、睜大眼睛、豎起耳朵並且用力呼吸，迎接南美洲的所有氣息。

我只是對這個世界充滿著無止盡的好奇心，

我只是想在有限時間裡去看看世界有多大多不可思議而已，

我短暫的去探索巨大的未知；然後帶著很多故事回來説給你聽。

謝忻的南美洲，從一份修了又修改了又改的 Rundown，

開始她的——小旅行。

改過無數次的南美之旅Rundown

Date	Itinerary	Transportation	Accommodation
1/26 四	Taipei - Hong Kong Hong Kong - Dallas Dallas - Lima	Flight BR867 TPE 1015-HKG1205 AA126 HKG 1545-DFW1615 AA980 DFW 2215-LIM0617	
1/27 五	Lima - Arequipa	Flight LAN2105 LIM0955-AQP1130	
	book 0128 Colca canyon one day tour	Bus／Walk	AQP (Alvarez Thomas No.435 Arequipa)
1/28 六	Arequipa - Colca canyon	Bus／Walk	Casona Plaza Colonial AQP (Alvarez Thomas No.435 Arequipa)
1/29 日	Puno Lake Titicaca	Bus／Walk	El Manzano Guest House-Hostel (Avenida El Puerto No.449, Al Frente， Puno) #2N
1/30 一	Puno city, Visa Consulado de Bo. (JR.AYMARAS G-5)	Bus／Walk	

Date	Itinerary	Transportation	Accommodation
1/31 二	Puno – Copacabana - La Paz	Bus	Golden Plaza Hotel (Calle Sagarnaga 531, La paz)
2/1 三	La Paz Uyuni	Flight Z8302 LPB - UYU0940 - 1030	
	Uyuni Sunset tour	Bus	Hostal Reina del Salar(Avenida Potosi #19, Uyuni) # booking.com
2/2 四	Uyuni Sunrise tour day tour	Bus	2/2 Night bus Uyuni- La paz (details to be added)
2/3 五	La Paz city tour	Walk	Lh Residencial Latino (Calle Junin 857, La paz)
2/4 六	La Paz - Cuzco	Flight P9330 LPB1040 - CUZ1040	
	Cuzco check in MC2D1N tour	Bus／Walk	Hostel El Triunfo (Calle Triunfo 379, Cusco)
2/5 日	MC 2D1N Trip Machu Picchu, Sacred Valley	Bus／Train	Aquas Calientes
2/6 一		Bus／Train	Hostal Cusi Wasi (Avenida Arcopata 466a Cusco) #3N
2/7 二	Cuzco Moray and Maras	Bus／Walk	Hostal Cusi Wasi (Avenida Arcopata 466a Cusco) #3N
2/8 三	Cuzco	Walk	
2/9 四	Cuzco to Lima	Flight LA 2004 CUZ 1010 - LIM1140	
	Lima city tour	Bus／Walk	Plaza Mayor Lima (Jiron Callao 125, Lima)
	Lima city tour ~ pm1800 approaching to airport around 6		
2/10 五	Lima - Miami Miami - Dallas Dallas - Hong Kong Hong Kong - Taipei	Flight AA918 LIM2319-MIA0506 AA061 MIA0705-DFW0921 AA125 DFW1040-HKG1735 BR0858 HKG2105-TPE2245	

媽媽的泡麵山

出發前一天行李重 15 公斤而已，
本來嘛！出國當然行李就是要越輕越好。
出發當天我準備把行李箱扛下樓時發現，
咦？這樣的重量不太對，打開看了看，
裡面塞滿了昨夜那泡麵山來的杯麵和零食，
以及小電鍋？

只要來個小小的有感地震，餐桌上的泡麵山絕對會潰堤。
出國的前一天我急忙打包行李，剛從沖繩回來的我爸和我媽也在樓下忙東忙西。

「這是怎樣啦！？」我不可置信地問。

「媽媽還有幫你買一咖小鍋子，你要是想燙青菜或是煮雞胸肉可以用這個煮。」她驕傲的拿著從日本買回來的小電鍋叫我帶去南美洲。

燙青菜？雞胸肉？我人都到遙遠的南美洲去了，誰要吃燙青菜雞胸肉啦！況且今天我要去的是南美洲，不是巴布亞紐幾內亞那種地方，你幫我準備泡麵山幹嘛啦！？

「媽，秘魯跟玻利維亞都是開發中的國家，沒有你想的那麼落後！」我想我媽一直對 10 年前我們的印度之旅以及 13 年前的埃及之旅，那每天上吐下瀉的我念茲在茲，心有餘悸。

「啊！你記得要自己煮水耶！」
每天在埃及拉肚子的我帶給她太大的陰影了，我連騎駱駝的時候腸子一陣狂絞痛，都可以泰然自若地用悅耳的英國腔，對駱駝小姐說：「Would you excuse me for a moment，please.」再下駝，手刀衝去廁所拉個肚子，再舒暢的上駝。
無論是吉薩金字塔，或是沿著尼羅河南下的路克索卡納克神廟，也有滿滿的我拉肚子的回憶在。

「路邊的礦泉水不要買啦！」
連在印度買礦泉水也是一路狂瀉的我讓她莫可奈何，我買了一箱放飯店打算長期抗戰，誰知道我一直喝還是一直拉，直到幾年後電影《三個傻瓜》上映了，我才知道原來我買個礦泉水很有可能就是寶特瓶加自來水啊！

幸好她不知道我在柬埔寨當義工時，吃到當地小朋友的大便然後

得了阿米巴痢疾，不但在廁所一邊發燒一邊噴射，而且還吐吐吐吐個不停。

我隨意挑了 3 包泡麵，幾包零食應付--下我爸媽。

行李重 15 公斤而已，腳上穿了一雙鞋，箱子裡塞了一雙鞋，20 天份量的保養品以及兩件 Gore-tex 和羽絨衣。我對這樣的重量其實很滿意，本來嘛！出國當然行李就是要越輕越好。

沒想到出發當天我準備把行李箱扛下樓時發現，咦？這樣的重量不太對——感覺不像昨天的 15 公斤。我打開看了看，裡面塞滿了昨夜那泡麵山來的杯麵和零食，以及小電鍋！

我不想太讓他們擔心，於是多拿了幾碗泡麵，把小電鍋留在餐桌上，匆匆地往機場移動。

被否定的南美洲
Rundown

拉掉，這塊拉掉，妳北七嗎？這塊也拉掉。

阿翔邊掃視我的行程邊說

可是我想去全宇宙最神秘納斯卡線耶！那個是外星人的傑……

他搶拍，我話還沒有講話他馬上毫不客氣地打斷

看什麼線？妳總共只有幾天的時間妳要去納斯卡線？

第一天妳從利馬直接過站不停直飛阿雷基帕，妳第二天在阿雷基帕，第四天就要往的的喀喀湖移動，代表妳是逆時針走整個行程，係不係？

妳如果再加個納斯卡線，整個動線都不對了！妳懂嗎？納斯卡線在利馬跟阿雷基帕的中間，等於是在走回頭路。

我問妳，浪費時間的回頭路妳會走嗎？

浪費時間的回頭路不能走，但是浪費生命的回頭草可以吃……

我不假思索的秒接。然後我們幾乎同一時間用一種平常在錄影時聽到不錯的梗才會用的假摔動作，來回應我的幽默感，然後迅速跟納斯卡線道別。

他會這麼說，是因為他對自己的地理概念極度有信心，而他會這樣得意也不是沒有原因，相對來講，浩子的地理概念以及方向感根本就是瞎咖。

這時候的阿翔，早就流暢地打開他手機裡 google map 的秘魯地圖，而他的

map 裡面還有一堆標記星星記號的點，那代表著他已經造訪過的城市。

他再度掃視著我拉的 Rundown。

「Rundown」算是我跟阿翔共同的一個莫名其妙的偏執，無論甚麼樣的行程或活動，它一定要存在，連我們公司私人和經紀人的聚會，阿翔都會來找我拉 RD，整個聚餐跟著 RD 走的感覺很踏實，一切都在掌握之中的感覺很美好，說穿了我們兩個就是喜歡有 RD 的控制狂。

你問為什麼那個聚餐不找浩子拉 Rundown？

喔～因為浩子已經請辭去環遊世界了！喔喔喔～不對不對，這時候他還沒拆夥，不是拆夥，是請假，因為浩子對控制全場沒有興趣，況且流程走到第四細項的時候他已。經。醉。了。

有我跟阿翔在的地方就走 Rundown，你 Rundown 不拉出來我們自己也會——乎。他。拉。出。來。啦（跟鄉親互動的語氣）！

他又說：「拉掉！這一塊全部拉掉（台語）」

「亞馬遜河？妳瘋了嗎？妳會不會拉 RD？秘魯是長型的，要去亞馬遜妳要先坐飛機到伊基多士（Iquitos），它在秘魯的最北邊，比利馬還要北。妳自己想想看這樣飛到 Iquitos 再繞回來南邊可能嗎？」

他在講這段充滿正確地理概念的話時，根本沒有在看地圖而是在看他的小熊隊，也有可能是釀酒人，不然就是費城人對國民，啊！是馬林魚啦，他絕對在看馬林魚對上道奇主場，因為去年陳偉殷在馬林魚，此時此刻有著這段記憶的我，不由自主地得意起來。

「妳想要看納斯卡線，可以去看天團浩角翔起前進南美洲的第二集，大哥一哥帶妳坐上小飛機，讓妳把納斯卡線看得清清楚楚。」「去沙漠綠洲那裡幹嘛？那裡是 Ica 伊卡從利馬要坐 4 小時的車。」

「你們有去飆沙我也想去嘗試看看⋯⋯」在前面被質疑拉 RD 能力的我，開始有點畏畏縮縮。「飆沙？妳外景去墾丁就不知道飆過幾次沙了！有必要嗎？」他的不耐煩就是投了反對票。

「這塊拉掉！這塊也拉掉！浪費時間！」他不耐煩的一邊瞄手機的球賽，一邊嫌棄我的 RD，然後我的納斯卡線、伊基多士，以及去沙漠綠洲的行程，在 3 分鐘之內，被一心多用的阿翔拉掉。

2016 年 4 月 29 日，我拉的第一份南美洲 RD，在台中南屯綜藝大集合的錄影前夕，被阿翔徹徹底底地否定。

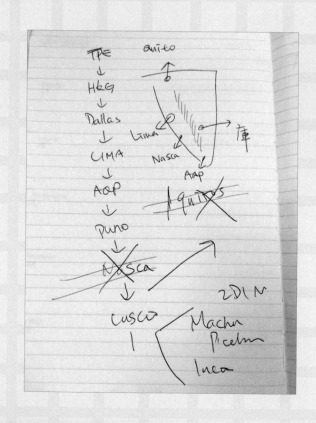

荒謬至極的36小時

你們真的必須要知道在這個 36 小時之內發生了多少事荒謬至極的事。

用荒唐或是荒腔走板來形容也可以。

我給這場鬧劇 87 分，不能再高了。

現在，容我用一種心裡氣急敗壞但表面卻和顏悅色的態度，侃侃而談。

1 月 15 日，接連著二場尾牙之後的接力午宴。

這一天的南港展覽館，外頭下著冷雨，在前一晚睡不到 3 小時然後上場又一人分飾多角的我，終於忙完了手忙腳亂的第四場尾牙，於是跑去咖啡廳微調這趟南美洲幾乎已接近完成的 Rundown

所謂的微調就是調調字體、格式，調調字型的顏色之類那種根本不重要的瑣碎小事，對於 Rundown 我有一種莫名的堅持，你知道。

正當我在沾沾自喜那完美無瑕的 Rundown 時，順手點開 2 月 1 號從利馬要飛烏尤尼的訂票紀錄，不騙你，這個時候我心中的 Keyboard 老師又再度彈奏起那兩個和弦——「登愣」！！

對！就是「登～愣～」！！

此時此刻，我嘴巴張大然後用手秒搗住，內心大驚有很多情緒在流動。

我明明訂的是早上 10 點 30 分的班機，但現在紀錄顯示是下午 3 點 30 分的班機。

根據我完美的 Rundown 顯示，2 月 1 號下午四點我人已經在烏尤尼的鹽湖

上面擺著各種情境追水姿勢了！

到底為什麼在沒有告知我的狀況下就改我的班機呢？到底。

縱使我的內心有很多的波濤洶湧，表面上的我還是保持著優雅與冷靜。

畢竟，在一間充斥著 Mac 電腦但內部系統是 Windows，與戴著沒度數的粗框眼鏡的文青們的咖啡廳裡，我必須保持著輕熟女該有矜持與氣質。

晚上 10 點，我打了第一通國際電話給訂票網站，國際電話。

第一通電話，讓我經歷了層層的語音問題分類之後，終於有人接起來，並且跟我詳細核對了訂票代號、訂票人的身份，包括出生年月日和手機號碼，還有同行朋友的名稱，那個……我們有四個人同行，然後她竟然花了五分鐘給我一個一個核對！（最後兩個字高分貝吶喊再配上孟克的圖）

此時此刻，我心中一直有一個畫面：戶頭裡存款的「匡啷匡啷」地飛出去。

每一分每一秒，我的心都在淌血。

確認了我們的基本資料無誤，我就是訂票人之後（我一直都是訂票本人啊啊啊～～再度抱頭吶喊），她說要幫我去查資料看有沒有辦法更改，然後，關鍵來了，她讓我等了 3 個 5 分鐘，也就是等了 15 分鐘之後，就在第三個 5分鐘時，電話就～～斷線了斷線了斷線了！

為什麼我記得那麼清楚有三個五分鐘？

因為每隔五分鐘她就會來關心一下說：

「sorry for keep you waiting」以及

「we need some more time」還有

「……are you ok ？」

當然不 OK 啊！查個資料是要查多久？

我執迷不悟的用一種豁出去的心態再打了第二通電話，這次依舊是一個每句話都黏在一起的女客服，應該是美國南方人，我心裡這麼揣測著。當然，這

一通電話也是越洋國際電話，剛剛心裡的那一刀還插著，而血還汨汨的流著。這次我學聰明地直接按2「更改機票選項」之後，立刻進入人工客服，完全省掉前面層層的語音分層，核對資料時我完全不等她問任何問題，我搶拍，用行雲流水的方式和每小節四分音符 120 快板的 Tempo 流暢地全部唸出來所有人的基本資料，一瞬間，我感受到了她的驚訝，之後，我再度跟這位南方佳人形容了被改機票的狀況。

然後，關鍵來了，她說去幫我查查看請我等一下，oh no！又是一個一下，縱使心中還是有些許的期待，只是這一次她讓我等得更久了。
我等了 3 個 6 分鐘也就是 18 分鐘！
此時此刻，我心中有一個畫面：戶頭裡存款的「匡啷匡啷」地飛出去。

正值生理期的我肚子很痛，情緒非常暴躁加上明天我的尾牙活動要開會、要練舞，而且要練的還是羅志祥的《朱碧石》，對於一個舞蹈白痴來說，練舞根本就是一種身心靈上的霸凌啊！

我的情緒開始累積又累積。

到了第三個 6 分鐘，她終於接起電話了，講了一句關鍵字，非常關鍵的一句話：她說，目前我們系統正在故障中，麻煩你：「call back in one hour」然後我在即將爆炸的時候，用力的捏了一下龜雞麻的粗大腿，然後牠狠狠地咬了我一口，我同時大吸了一口充斥著貓咪氣味的空氣，並且做了一個以舞台劇角度來看算是個漂亮的轉折帶著英國腔調口音說：「Thank you so much, I will, I will call you back later.」

第三通電話是隔了 5 小時之後的早上凌晨五點。
經歷了一夜的煎熬（keyboard 老師不用下歌謝謝），我的理智線已經細如蠶絲，而且四周有八級陣風環繞。
這次的客服人員是一個有著印度腔的男性，他的服務比之前的客服好太多

了，如果有服務評比的話我會給他五顆星，他讓我在等待的時候，沒有讓我聽莫名其妙的雜訊音，反而放一些比較舒壓的背景音樂，我在等了兩個5分鐘之後，發現舒壓音樂一點幫助都沒有，反而讓我的情緒迅速累積到高點。

引爆點在他告訴我他沒有辦法幫我變更機票，並且叫我直接打到航空公司去問，他說那是航空公司改的，不是他們做的！

「你們的服務有問題嗎？你讓我打了3通國際電話才告訴我你們沒辦法變更我的機票。」我承認我的分貝以台北小巨蛋的標準來說──超標了。
「這三通電話你們竟然都沒有電腦記錄，每一通我都要核對資料，第一通電話斷線，第二通電話沒音樂聽就算了，後來告訴我系統故障。」接下來就是一連串的怒氣沖沖抱怨文，我在此直接省略，想聽完整對話請私。

我迅速查了玻利維亞的 Amaszonas 亞馬遜航空電話，想用怪獸卡速戰速決結束這一回合，怒氣沖天的我現在就是一隻母怪獸！亞馬遜航空應該很慶幸他們的語音是西語，所以我聽不懂沒辦法順利進入客服，並且如我所願地去進行使用怪獸卡的動作。

此時此刻，我心中一直有一個畫面：戶頭裡的存款「匡噹匡噹」地飛出去。

我，偏執的射手座，是不會這麼輕易就放棄的，我找到他們的官方信箱發了一封文情並茂的信給它，文情並茂。
同時我也發現了亞馬遜航空有臉書而且平均回覆時間是一小時內，抱著一種姑且一試的心理，丟了私訊給亞馬遜航空告訴他們我想要更改我的機票，還附上機票代號。

當天早上7點我出門去錄影，這一天我一直在注意信箱有沒有亞馬遜航空的回覆信件，畢竟我寫得很動之以情。
沒有，什麼都沒有，而我備感壓力。

12 小時後，台灣時間晚上 7 點 5 分，玻利維亞時間早上 7 點 5 分，我接到一封臉書私訊，是亞馬遜航空！

對方說：「你要改機票，沒問題！早上有兩班你要哪一班？」
對！在沒有核對我個人資料的狀況下。

「9 點 30 分那一班」我還在不敢置信我對方竟然阿莎力的一口答應。
「4 個人都一起改嗎？」
「對的，4 個人都一起」我還在驚嚇中。
「OK！我幫你們改好了，2 月 1 日早上 9 點 30 分從 LPB 飛 UYU 四個人，訂位代號是 HYUGUY，72 小時前可以 check-in，謝謝你的聯絡，祝你有個美好的旅程」

在繞了一大圈之後，我的機票就這樣簡簡單單地從臉書私訊改好了。
在打了三通國際電話，然後戶頭裡存款的匡啷匡啷地飛出去之後，我的機票就這樣簡簡單單地從臉書私訊改好了。

如果你是我，你會不會用荒謬、荒唐或是荒腔走板，來形容這 36 小時所發生的事？

第一章
沿途的風景

眼前的景色令人著迷，
或山水，或雲霧，或平靜如鏡面的湖泊。
於是，我沉醉其中，放空了……

開場，在阿雷基帕的夜晚

「對不起」看著牠完整的身軀，

我真的沒辦法讓牠分離，

於是我請店家把牠切成四等分再端出來。

依舊非常地完整，五官清晰可見；

連指甲都根根分明……

阿雷基帕是我用來迎接南美洲的大開場，包括熱情，包括草泥馬，旅遊書上說的扒手，或許搶劫，必要的殺價，以及日日夜夜的古柯茶，當然，還有一生一定要去一次的馬丘比丘。

這些，都是組成南美洲的重要元素。

關於白城阿雷基帕，我的記憶點不多，大概就是步行可及的距離吧！我拿著地圖，帶上喜悅，步履輕快地開啟我的南美洲節奏。被不同的文化洗禮著，在不同的城市漫步，跟不同膚色的人對談，

UEVA RUTA

ALLIN
APAC

OPERADOR

100B

一直都是旅途中的武器。廣場當然是一定要拜訪的我知道，可是途中的不期而遇才是最有趣的出奇不意。

有時候，你殷殷切切一心嚮往的地方反而讓你失望，而那些旅途中出奇不意的小巷弄，卻成了你心中永遠忘不掉的小花園。

灰白色的石造矮房，搭配鵝黃色的斑駁磚牆，窗台上的桃紅色天竺葵就算形單影隻也要努力綻放，相當於台灣的除夕夜那一天下著雨，而我們決定用大餐迎接我們在南美洲的第一個夜晚。

「好吧！那就決定 Pisco Sour（皮斯科酸酒，秘魯國酒）跟 Cuy（烤天竺鼠）了」我提議，大家隨即異口同聲的答應。

沒有家人在身邊的除夕夜當然要來點別出心裁的！
除了五顏六色的玉米把我們唬得一愣一愣的之外。

「對不起」看著牠完整的身軀，我真的沒辦法讓牠分離，於是我
請店家把牠切好再端出來。

這樣好了那麼一點點了——天竺鼠被分成四等份重新上桌，依舊
非常地完整，五官清晰可見，連指甲都根根分明，我突然有了一
絲絲的憐憫之心。「至少牠眼睛閉著感覺很安詳。」我只能這麼
安慰我自己並且說服自己牠就是肉品。

外皮酥酥脆脆的，但是要把有韌性的皮咬開其實是要花上一番咬
功，我們努力地邊咬邊拉扯，什麼都不多想。以後腿肉來說其實
它沒什麼份量，肉質算是細膩，與其說像雞肉，我個人覺得比較

像是鴿子肉或是蛇肉的滋味。

Pisco Sour 相對上來說就是個明亮的 F 大調樂曲了，我馬上聯想到蕭邦的第八號 F 大調鋼琴練習曲，以伏特加為基底的調酒加上肉桂粉，一口入喉順口無窮，Pisco Sour 是平易近人的烈酒，她熱情、她隨和、她就像流暢的 16 分音符，快速地在你的血液裡流動。

白城的雨越來越大了，而我探索未知巷弄的興致正濃，
這是我南美洲的大開場，
你也可以說，整首音樂劇的序曲就從除夕夜的微醺開始，
燈亮了，而大幕升起。

科卡峽谷 一日團

Casona Hotel,
Arequipa

am 03:00

am 03:30

巴士遲到了半小時才來接我們，上車之後發現，20 人巴士根本已經幾乎沒有空位了。才了解這種 60 索爾的便宜團就跟婚禮併桌的概念一樣，拼拼湊湊，以不會虧錢為原則出團，管你是跟哪間旅行社訂的行程，「保證出團」是最高宗旨。

才剛吃完天竺鼠大餐的我們睡不到四個小時；而 Pisco Sour 的熱情還在我血液裏恣意奔流著。

就這樣，擁擠的 20 人巴士在凌晨 3 點半把迷迷糊糊的我們搖搖晃晃地運往科卡峽谷去。

旅遊書上説，科卡峽谷是一個生機蓬勃的農耕區，放眼望去，眼前卻是一片黑暗與茫然，從坐上車那一刻開始約莫 3 個小時，車內跟車外同是一片漆黑。

am 05:30

am 05:41

2個小時過去了，我在一片漆黑與寂靜中，麻木地吃著旅館為我們準備那索然無味的餐盒，在毫無靈魂的咀嚼下，食物從滿足人類原始欲望，退回到更下一個階層的顳顎關節不知為何而上下咬合。

坐在第2排的我回頭張望，全車睡得東倒西歪，我淺笑。

導遊 Rosa 用很有精神的菸酒嗓告訴我們，在第一個停靠站之前有廁所，我純粹是為了透透氣而下車的——那是一個像蘑菇的圓形廁所，這裡氣溫很低，而我有點擔心對我搖著尾巴的黑色流浪狗。

上車後，Rosa 說等等我們會停在這次行程中的制高點——Patapampa 大約 4 千公尺處，然後她一派輕鬆地提醒大家多穿一點衣服。

「It's gonna be cold」穿著單薄、印有公司 LOGO 制服背心的她說著，然後，就沒有然後了。

Patapampa

am
06:21

am
07:00

「這裡是地球嗎？」我真的這麼想。

其實積雪並不厚，不是那種漫步在雪中，背景是北海道大雪紛飛的那種浪漫場景。放眼望去盡是白雪皚皚以及一塊塊突兀石塊的蒼涼，搭配著凍結的空氣，和處於過度興奮情緒的我不停吞吐出的白煙，你說冷嗎？我絲毫沒有感覺。

我必須錄下這高不可攀的不可思議－

「這裡有。4千公。尺高對面可。以看到好幾座火山。」

「最高的高。度是5千多公尺」我發現自己語句被急促的呼吸聲切割得斷斷續續，而我自始至終在意的，一直是鏡頭前的表現，而不是造成的原因。

我努力調整呼吸和速度，「現在氣溫、很低，而我的手幾乎都要凍僵了，這裡，真的是很美的地方。」

嗯⋯⋯這樣好多了，有一種比較對得起自己的感覺，我把缺氧的事情拋在腦後，專注地欣賞著荒涼又淒美的山慢慢披上銀裝。

天色漸亮，白晝被濃霧緩緩地順著等高線圈的縮小而拉開了序幕。

我們從霧起走到霧散，從黑夜駛向天明。

am 08:00

am 09:15

早上 8 點，霧氣完全散去，我才開始貪婪地把安地斯山的鬱鬱蒼蒼，一一盡收眼底。

從我的座位向右望出去，是一整片綠意流暢向外延伸，嘎然而止墜入 Rio Cola（科卡湖）再奮力急速爬升至遠方，無限的茫茫蒼蒼。

這就是科卡峽谷的小鎮風光，用簡樸來形容其實太婉轉，就是簡陋中帶有雜亂，大家在此停留 30 分鐘吃早餐。

很簡單的早餐，冷的圓麵包與冰凍的奶油，這整趟旅程我都在吃沒有融化的奶油，不過至少熱咖啡很好喝，還有熱呼呼的自費炒蛋鹹得很好吃。

早餐店門口有隻很親人的狗狗，牠有點臭但是我不太在意的一直叫牠坐下跟牠玩著！

Yanque
市集

**am
10:06**

**am
10:20**

我們稍稍在市集停了一下，我喜歡
小市集。

這裡有微酸的仙人掌汁，雄赳赳氣
昂昂的老鷹，迷人的白色小教堂，
還有腮幫子鼓鼓的 Alpaca 表情王。
說牠是表情王真的一點也不為過，
討喜的人圓臉好可愛！

所有人都爭先恐後的搶著跟牠拍
照，傻瓜！這是要付錢的。

車子順著河谷而上，繞著山壁而
行，倏的巴士倚著有落石的山
壁停在路邊 ——「See it？it's a
condor.」Rosa 說。

原來是有一隻黑色的 condor（兀
鷹）從我們正上方的山頭飛過。

「You can take a picture if you
want.」

其實她在說這句話的時候那隻兀鷹
一號已經消失的無影無蹤了，大概
是大家都覺得還沒有到真正的兀鷹
瞭望台，所以意興闌珊，畢竟凌晨
3 點就從阿雷基帕拉了 160 公里的
車到科卡峽谷，中間還經歷了離開
地球表面的呼吸困難初體驗，所以
有這種反應我也不怎麼意外。

大概只有我吧！仗著坐在門邊的優
勢，我傾身仰頭幸運得瞄到了那隻
兀鷹的黑色羽毛。

夏季是兀鷹的築巢季，牠們多半在忙著築巢所以看到的機率不高，冬季才會是絕佳的賞兀鷹時刻，因為他們會忙著找食物給剛孵化出來的小寶寶，所以看到它的英姿機率非常高。

「那很好啊！」現在冷成這樣我們一定有看不完的兀鷹！

然後我瞬間打臉我自己——國中地理課本有教，每上升 100 公尺溫度下降 0.6 度，這裡海拔 3 千公尺，所以比平地冷 18 度。

現在台灣是大年初一，而這裡卻是南半球的夏天！

我後悔沒有拿手機拍下剛剛的兀鷹羽毛，一點點也好。

Rosa 說兀鷹是對另一半忠誠，並且可以活 70 年的聖鳥。厲行著一夫一妻制，如果丈夫死了太太會守寡孤老終身，如果是我，我馬上會不甘寂寞找另一個春天。

Terrace
梯田

am 10:34

Condors Cross
兀鷹觀望台

am 11:20

我站在圍欄邊無助地望著對面很像一疊彷彿攤在桌上 Pantone 色卡的梯田,欣賞著由各種不同的綠色交織的層層疊疊,掛念著我的兀鷹。

我的確是為了兀鷹而來的,我一直很喜歡老鷹。 基隆的孩子聽到一股熟悉的聲音,「啊啊～」我瞬間 Track(追蹤)到聲音的來源,用一種荒謬大師沈玉琳才有的誇張手勢指著山壁上巡邏的兀鷹

「There is a condor !」

「Everybody, look up !」我止不住沁流而出的興奮大吼,然後整團團員瞬間抬起頭來往我手指的方向看去!

「Come on ～」(抱怨聲)根本都還來不及拿穩相機按下快門,那隻巨型黑色兀鷹二號就再度隱沒入山壁中,團員們搖頭抱怨,特別在聽了 Rosa 剛剛的解說之後情緒更顯激昂。

大概只有我在微笑吧!

牠們張開翅膀、伴著氣旋,無需拍打翅膀,在空中鳥瞰,而在大地面前,渺小如我。

這裡才是所謂的兀鷹觀望台。不過,不重要了,最初的夢想是──面對著連綿不絕的安地斯山發呆,有漫天飛舞的兀鷹相伴,我在觀景台的石牆上盤腿坐了半小時吧!陪伴我的只有遠方山脈的雄偉矗立,以及科卡峽谷的深不可測,還有無可奈何的徒呼負負。

集合的時間快到了,我順手在小攤販買了幾包有趣的古柯糖還有馬卡糖。古柯糖的包裝上寫著可以防止高山症也不知道是不是真的,這時的我只是覺得需要做些事情來彌補我看不到兀鷹的空虛心靈。

Hot spring

Rosa説

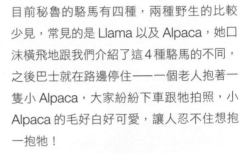

一日團裡有包括這個溫泉的行程，在科卡峽谷泡湯跟欣賞在地風光比較起來後者的確比較吸引人。我們往餐廳移動著。

目前秘魯的駱馬有四種，兩種野生的比較少見，常見的是 Llama 以及 Alpaca，她口沫橫飛地跟我們介紹了這4種駱馬的不同，之後巴士就在路邊停住——一個老人抱著一隻小 Alpaca，大家紛紛下車跟牠拍照，小 Alpaca 的毛好白好可愛，讓人忍不住想抱一抱牠！

「You can hold it if you want.」

「Just give him some coins.」Rosa 提醒我們。

原來是這個老先生利用小 Alpaca 的可愛來賺取小費，我不喜歡這種感覺，但是當厭惡感升起時，小 Alpaca 已經被轉抱到我身上了，我只好抓緊時間跟牠拍照，隨之，團員們也紛紛地抱著小 Alpaca 拍照。

我們不知道，在我們抱著牠、逗牠玩的同時，牠的媽媽正焦急地在對面牧場裡找尋著小孩。我得知這個消息時內心有點愧疚，特別是在看到媽媽那擔憂眼神的時候。

Chivay

pm
14:20

pm
15:00

中午吃的是秘魯風味自助餐，光是 Alpaca 肉就有好幾種烹調方法，炒的、拌醬汁、燉蔬菜都算好吃。

Alpaca 在秘魯算是經濟動物，早在印加時期人們就知道這一點，牠們可以幫忙搬運貨物，雖然速度不快，但是毛非常柔軟可以用來做成各種織品，而肉質也算好吃，比牛肉還要嫩，咬下去有彈性，秘魯菜多半用醬汁去炒 Alpaca，所以對我來說接受度很高。

唯一比較過不去的是：在吃的時候一直想到牠那可愛的臉龐——是的，我吃了草泥馬。

我吃著剛剛買的古柯糖，河谷在左而山壁在右，原路而返。
又是 3 個小時多的搖搖晃晃。

初抵普諾

在天都還沒亮的凌晨就抵達普諾，
青年旅社在中午 12 點才可以 Check-in，
坐在巴士站的我心裡想：「我們到底該何去何從？」

不是說 7 點才會抵達此趟最高的城市普諾嗎？為什麼 3 點半就到
了？這跟早收工的喜悅不一樣，才經歷過生死交關的我首度對於
人生中的提早感到不悅。

在天都還沒亮的凌晨就抵達普諾，而我訂的青年旅社在中午 12
點才可以 chech-in，整個巴士站又空曠又淒涼；而我們又冷又虛
弱，有幾度坐在巴士站的我心裡想：「我們到底該何去何從？」
「或許青年旅館的人還沒睡！」
我不知道哪裡來的勇氣決定去碰碰運氣，想嘗試看看在凌晨 3 點

半 chech-in。「就算不能 chech-in 我們在青年旅社的 lobby 滑手機也比在又冷又空曠巴士站乾等的好。」

「大不了就是 hostel 沒人應門我們再折返回 bus 總站」

射手座的優點就是依舊可以在逆境中保持樂觀。

只是，
車子越往青年旅社的方向走我們心越涼，從車窗往外看去，整個普諾只有我們和司機是有機的生命體。
這是有著世界最高海拔的的喀喀湖的普諾嗎？
家家戶戶關門閉戶，距離巴士總站不過幾條小街的距離杳無人煙，空空蕩蕩。
是說半夜 3 點你是想要求多少人出現在街上？

夜裡的普諾散發著一種空城才有的荒蕪感。
如果要我形容我會說──很弔詭、很陰沉。

我們找到了住宿的青年旅社──不好意思地小聲敲了敲武俠片裡才會有鑲著防盜小窗的木門。
沒有回應──整個普諾就只有我們喘不過氣的用力吸吐聲，以及懸宕在偶有狗兒的叫聲，劃破黑暗的忐忑不安。
「叩叩叩叩」第二次我敲得更急，更大力了，「Excuse me」我說，我們靜靜地祈禱著渺茫的回應。

幾秒之後。

接著城市再度陷入一片死寂。

如果那個防搶小木窗沒有及時地被打開，又如果沒有一聲「Hola」回應──我真的會懷疑我們掉入了奇異博士的鏡次元世界裡頭。

在我們的希望之燭熄滅，準備回去巴士站等待天明之際，有人開了木門上的防盜小窗，我們欣喜若狂地讓計程車司機跟睡眼惺忪的他說明狀況，沒想到對方竟然一口就答應，他打開了層層深鎖的大門讓我們馬上入住──縱使這間房間又小又暗，而且沒有暖氣，我還是很感謝這場久旱之後的天降甘霖。

我頭還在痛，身子還是很虛弱，我依舊又累又餓又喘。

我很想洗個熱水澡好好的睡一覺，有鑑於前一間旅館的熱水要等很久，所以我先把熱水開了，順便也可以利用蒸氣讓沒暖氣的房間暖和一點，然後再回頭去煮了此趟旅程的第一碗小杯麵，想慰勞一下歷劫歸來的自己。

我克難地蹲在地上吃著，回想著剛剛在巴士上的無助和惶恐；想起了我媽和家人，我的貓咪和我所有愛的人。

浴室早已熱氣瀰漫，我要去洗澡前手機響了──是阿翔傳WhatsApp 給我。

你走慢一點

 什麼都慢慢不要急

 過一兩天就會慢慢習慣

我昨天從科卡峽谷下山時，有傳訊給告訴他我在 4 千 8 百公尺的制高點時呼吸很困難，而且非常喘，問他是不是跟他高山症的狀況一樣，同時也問了他氧氣瓶的事。

不過他昨天只敷衍地回了我幾個流汗的笑臉圖

對，就是這個。

手機又再度響起。

 走慢一點 什麼都慢慢 不要喘 過一兩天會慢慢習慣

 洗澡最好不要有太熱 而導致 蒸氣太多

 沒辦法呼吸

 那個茶 多喝

浴室裡的蒸氣蔓延到房間，房間又溫暖又潮濕。

 現在怎樣

 現在怎樣

這是他跟我認識 10 幾年來最溫暖的關心了。

我看到習慣不用標點符號的他問我「現在怎樣」的時候，脆弱又疲憊的我差點哭出來。我憋著不讓眼淚流出來，快速地進入浴室把本來被我關起來的窗戶打開，讓冷風吹進來讓水蒸氣散出去。

看到來自地球另一端的關心，在熱水灌頂中的我終究忍不住掉下眼淚。我一邊感動淚流一邊大口吸氣並且乖乖的放慢既有的洗澡 Tempo。

普諾的的喀喀湖

普諾的天很藍，早晚溫差很大
萬人空巷的慶典，配上樂天知命的人們，
還有那位於海拔 4 千公尺的湖中浮島，
勾勒出令人難忘的普諾印象。

「咚咚咚咚……咚咚咚咚」

折騰人的鼓聲在腦子裡從 7 點就開始敲個不停，我翻個身按著太陽穴，咒罵那規律的「咚咚咚咚」。

我以為從幾小時的深層睡眠後醒來，自己的狀態會好多了，但怎麼腦袋裡還會有源源不絕的敲鑼打鼓聲？

缺氧、疲憊的確會讓人大腦無法思考，我再度咒罵。

「A Fiesta de la Virgen de la Candelaria」

「這是為了慶祝聖女 Candlemas 所舉辦的慶典喔！」

「現在全普諾的人都上街慶祝了，建議你們傍晚再去的的喀喀湖」青年旅社的櫃檯説。

我一邊詢問的的喀喀湖的遊湖行程，一邊沒好氣的詢問旅館關於鼓聲不停歇的惱人情況。

與這趟旅程最高的城市相遇，就從烈日的耀眼奪目開始。

這是普諾的年度盛會，幾乎全普諾的民眾都一早起床帶著小板凳，就為了佔個好位置坐在街上，等著遊行隊伍的經過，這場盛會有點像是基隆中元祭的放水燈，或是媽祖出巡的那種萬人空巷的盛況，不同的只是每支隊伍把信仰的精髓都專注在自己身上，並且配合傳承千年的虔誠大聲地歌頌讚揚！

普諾沿街歡唱搖擺的婦女們，生活相對來説並不寬裕，但是卻樂天知命。

她們綁著傳統的辮子，身上蓬蓬的大紅圓裙在艷陽下轉啊轉的，搭配著單旋律曲調重覆地哼唱，以及從早上 7 點就不停息的鼓聲，混合著群眾的笑聲、掌聲、歡呼聲以及喧鬧聲。

正午頂在頭上的日光更是變本加厲，整片普諾的天空好藍，氣溫依舊很低，四周的飽和顏色到讓人張不開眼睛，街道上的歌舞昇平還持續個不停。

而我不停地穿梭在我最愛的小巷與搖曳裙擺的紅飛翠舞中，幾小時前的虛弱與沮喪已經被我遺留在沒有暖氣的房間裡。

整個白天的普諾萬紫千紅，在艷陽下的我目眩神迷。

嘉年華跟著陽光一起謝幕之後，傍晚的普諾開始有片片烏雲靠近，少了艷陽高照，氣溫瞬間降到冰點，小船破著風而行，在船頂的我們就算瑟縮，也要無畏寒風刺骨，欣賞來到普諾必訪的湖上人家。浮島上有人在踢球，房舍前有人在晾衣服，也有小朋友熱情的跟我們揮著手。

你很難想像在幾千年前的湖中浮島就已經有人居住，房舍、地板、床板，以及傳統的豹頭船全用水草編織而成──這是他們千年以來的生活方式，就在海拔近 4 千公尺的湖面上。

導遊說我們腳下站的甲板，也是用淘淘拉水草（Totora）編織而成的，然後他就拿出水草跟大家說，水草可以吃也可以用來蓋房子，我不假思索地咬了一口，味道有點像笑白筍，但是比較有空氣感，然後我就舉手發問說：「如果是水草蓋的那不是會漂來漂去嗎？」

大概是導遊認為島民手工編織品比較有意義，所以簡單地跟我説：
「是的，以前用水草蓋的島其實是會乘著風與湖水漂來漂去的。」
我馬上開玩笑説：「會不會早上醒來發現房子在玻利維亞的境內？」然後大家哈哈大笑。他冷靜地回答説：「Maybe，但是現在每個浮島都會放錨來固定位置。」

我覺得我剛剛講的那個笑話挺幽默的，其實是有成功救援他的平淡解説的。

我們坐著豹頭船抵達下一個小島，其實你不跟我説是豹頭船，我會以為是貓頭船，在短短 5 分鐘的搭船時間中，一位不到 10 歲的小妹妹跟著上船唱歌給大家聽，之後就拿著帽子跟大家索取小費，我不喜歡這樣子的半強迫方式，但是我還是塞了點零錢給她，是的，我中招了，就是我憐憫心作祟吧！

（Photo by fotolia）

在烏雲的協助下，天很快就黑了下來，氣溫也更低了，而冷風還
是用力地吹，夕陽在此時正式西下。

在微弱陽光下，的的喀喀湖在寒風吹拂中波光粼粼，而水草左彎
右搖，而我冷得直打哆嗦。

回到沒有暖氣的 hostel 路上，有間高朋滿座的烤雞店映入眼簾。
是「 Pollo 」──就是秘魯有名的餐點烤雞。
我們眼睛突然為之一亮！精神也抖擻了起來！
老闆的烤箱就在門邊，可以清楚看到一隻隻的烤雞被串起來再用
木頭去烤，所以煙燻的香味一直不停的飄散在空中，我們並沒有
很餓，但還是點了一隻全雞，隨餐還有附上一堆薯條和沙拉以及
四碗湯，份量非常夠而且很便宜，不過湯的口味很重，雞皮則是
又脆又多汁，但是雞肉很柴倒是真的。

我們留下一堆吃不完的雞肉與薯條，在整個餐廳的客人與服務生
側目之下，有點尷尬地離開烤雞店。
我沿路找了一間雜貨店，買了大瓶的礦泉水，想要沖淡我身體裡
剛剛吃下去的鹽份，然後迎接明天重要大日子。

普諾旅館這裡的植栽，用力的呼吸，和疲憊的旅人們一起，共生
共息。

烏尤尼追水三部曲 I
日落星星團 by團員華安

Salar de Uyuni（烏尤尼鹽沼）是世界最高最大的鹽湖，
在這裡要拍到完美的天空之鏡是要靠運氣的，
地面必須有一定高度的積水但又不能下雨，
所以只能挑雨季的時候來。

來到烏尤尼（Uyuni）的第一個追水團——日落團加星星團，即將在今天傍晚登場。
女孩說她胃有點不舒服，等等回房間吃個胃藥就好。

正忙著買伴手禮的我不以為意，畢竟她本來就腸胃不好，再說這種小事情吃個藥就沒事。我仔細的尋找著天空之鏡的明信片，奇怪的是明明我們人就在烏尤尼，但是有天空之鏡的明信片竟然找不到；玻利維亞總統的明信片倒是有兩張，就是那個在國會殿堂看 A 片聲音太大聲自己被嚇到，然後手機掉到地上讓全世界聽到叫聲的那位。

這種沒有人買的明信片竟然還有兩款不同的表情跟 Pose ！
在我心裡想著「這要賣誰的」的同時，女孩已經拿了一張去結帳，準備寄給她一位喜歡收集各國美麗風景明信片的友人，而且一邊結帳一邊竊笑。
旅館距離追水團集合點很近，下午 4 點 50 分，打包好一整晚所需的零食，女孩吞了兩顆胃藥之後，我們步行出發。

我們在往鹽湖的中途稍作停歇，民宅內有很多雨靴任我們挑選，女孩挑了一雙尺寸不合的紅色雨鞋，然後沿路一直在碎念為什麼沒有她最喜歡的桃紅色。

「要用誰的手機放歌？」在往鹽湖的路上司機大哥黑仔問我們。

坐在前座的我，二話不說放了一首田川壽美的《喝采》，坐在後車廂的日本朋友們立刻驚呼連連，他們一定沒有想到在離家將近兩萬公里的烏尤尼鹽沼可以聽到這首日本的經典名曲，而我也很滿意有這樣的效果。

我也忘了黑仔是什麼時候技巧性地把音源線接在自己的手機上，播著有濃濃玻利維亞民族風的歌曲，大概是我們進入到鹽湖積水區的時候吧！

這時候車速變慢，車子不停在鹽湖區裡繞啊繞的，好像在找什麼找不到。

「該不會在找水吧！」我擔心地往外看，積水真的不多。

同車隊的司機們數度討論，下車場勘、移點，最後他們終於找了一個他們覺得可以，但是我覺得差強人意的地方讓我們下車。

烏尤尼鹽沼是世界最高最大的鹽湖，我知道在這裡要拍到完美的天空之鏡是要靠運氣的，地面必須有一定高度的積水但是當天又不能下雨，所以我們就只能挑雨季的時候來。

再來最重要的是不能有風！只要有風，水面漣漪就會無法跟鏡面一樣當然也沒法拍出倒影的效果了。這一點是扛起拍照重責大任的我最擔心的事。

「大家一定都很擔心吧！」我回頭看女孩們，她們竟然在我擔心的同時，分食著巧克力餅乾而且還吃的津津有味！

女孩大概不是很理解什麼叫做反射啊、光線啊、背景太雜這種專業術語。

她一直叫我「説中文」，靠腰我就是在説中文啊！我們在這裡無意義的玩水之後，發現遠方有另一個更好的地點，拍起來應該會

比較漂亮，也不知道黑仔為什麼一直不肯帶我們去，大概是自尊心作祟吧！我想。女孩們跟他協調了很久他才勉為其難地把我們載去另一個積水區，還不忘撂狠話：「來這裡就沒辦法回去前面那個點喔！後果自行負責。」那種話來勸退我們。

幸好我們有去拗司機，因為第二個積水區比第一個他媽的好。太。多。了！
雖然人比較多（這裡比較漂亮啊！廢話）但是只要稍微轉一下角度就可以拍出不錯的照片和反射，可是風還是有點大，但是對我來說這樣的景已經算是中上籤了。

站在這一片經過千山萬水好不容易才來到的烏尤尼。
太陽就要下山了。
我在積水中漫步，看著逐漸下沉的橘，大半號的紅靴踩著積水，啪嗒啪嗒的水花四濺，而風兒還是不停地吹。天空由淺藍漸轉成灰藍，夕陽的餘韻還在，月亮則冉冉而升。

太陽完全沒入了地平線，四周靜了、暗了。
我們在車上吃著零食稍做休息，慢慢的，天空開始閃閃發光，我仰頭抓著車子把手把身子向外倒掛，我抬頭的瞬間發出了聲聲的讚嘆……。
那是烏尤尼的浩瀚星河啊！這是我人生中第一次看到銀河，好寬好廣好閃亮，清清楚楚地在我面前川流不息。

幾顆特別亮眼的星星就如同河面的波光粼粼，一閃一閃地，烏尤
尼的星空美得太不可思議。

其中一個女孩問：那顆最亮的是北極星嗎？
沒有人知道所以沒有人回答。
女孩說：「星星的名字不重要，只要它閃閃發亮就好。」

我們就一直這樣靜靜地待著望著，沒有對話是因為不想打擾夜空
中的繁星點點。
那閃爍的光芒如耳語叨叨絮絮，沒有互動是因為想要一直這麼傾
聽著。

烏尤尼追水三部曲 II
胃痛的女孩 by團員華安

一望無際沒有光害的鹽湖正上方，
就是一大片彷彿伸手就可以抓到非常清晰的銀河，
銀河周圍佈滿大大小小無數的星星，
加上水面的倒影，
這一刻實在太難形容了。

這是烏尤尼的第二個追水團——日出團。
第一個日落觀星追水團回來後，我們只短短休息幾個小時。
胃痛的女孩很沈默，少了她的聲音我們有點不習慣，睡前我問她
胃是否還是很痛，她一派輕鬆地笑說還行，然後就鑽進被窩裡。

「說謊」我知道，而我沒有拆穿。

午夜2：30，大家又準備出發參加3點的觀星日出團，出發前胃
痛的女孩終於誠實表示，除了胃部劇烈疼痛之外，她的身體開始

發冷，而她又忘了帶自己可以吃的退燒藥，但她覺得無論如何她
一定要去。

「來玻利維亞為的不就是這個嗎？」她虛弱地擠出力氣、態度強
硬地說著。
於是我們把自己的藥品七拼八湊地給了她，有藥物過敏的她吃了
我們的藥加上過敏藥，然後我們出發。

我們準時出發前抵達旅行社門口，同行的還有３位中國人，一對

情侶和已經出門旅遊半年來自哈爾濱的小胖哥。大家在低溫中等車，胃痛的女孩坐在隔壁的門檻上，她依舊不發一語。

半小時過去了，車子才給我姍姍來遲，而且來了也當啥事都沒發生。明明在稍早購買行程時，旅行社還在哪裡耳提面命說出發時間「絕對準時」，所以大家千萬不要遲到，然後你們自己倒是遲到很久。

市區往鹽湖的路上，我可以感覺到她的不舒服，她嘗試著要講話不讓大家擔心，但是就是講不出什麼有意義的句子，至少坐在她旁邊的我這麼認為，她也企圖開玩笑但是真的一點都不好笑。

中間有幾度的短暫時間她是整個抽離的——我個人覺得她昏睡過去了。

經過了一個多小時的車程後，我們又回到鹽湖積水區。本來就有心理準備這種時間氣溫會很低，但一下車嘴裡忍不住還是把會的髒話都罵出來，根本冷凍庫，手凍到像隨時都握著冰塊。然後瞬間，大家的注意力都被天上的景象給吸引住了，一望無際沒有光害的鹽湖正上方，就是一大片彷彿伸手就可以抓到非常清晰的銀河，銀河周圍佈滿大大小小無數的星星，加上水面的倒影，這一刻實在太難形容了。胃痛的女孩也下車了，她說她想看看星星，她一下車就大叫好冷並且罵了髒話。

在挑戰人體對低溫極限的瞬間，大家同時也一直被天上的景象給吸引著。

司機搬出了紅色的塑膠椅。

坐在司機準備的塑膠椅上，胃痛的女孩絲毫沒有好轉的跡象，她身子挨著哈爾濱來的小胖哥，應該説是根本就是躺在他身上，根據我對女孩的了解，她絕對是抱著一個取暖的概念才這麼做。

哈爾濱小胖哥跟我們差不多年紀，只穿了一件棉的薄外套，沒有羽絨衣、沒有防風衣、手套圍巾更不用説了！

女孩一直給哈小胖疲勞轟炸：

「我拜託你把釦子扣起來好嗎？」

「可是我不冷呀！」

「你只穿一件棉上衣怎麼可能不冷？」

「咱家鄉哈爾濱比這裡冷多了！」

「你去把羽絨衣穿起來好不？」

「我沒帶。」

「那你去把圍巾圍上，」「我也沒帶」

「手套呢？」「我更沒帶」

「那你快回去車上好不好？」

「你別再逼我了，小妞，我真的不冷！」

聽到胃痛女孩的這番話我其實放心多了，而女孩依舊緊緊靠在哈爾濱小胖哥身邊依戀著他的體溫不願離開他半步。

凌晨四點半，風更大了，氣溫也更低了，我們在低溫下完成了開

手機閃光寫字的全手動快門藝術照，這一趴玩了好久，我他媽快凍僵了，後來胃痛的女孩告所我她冷到要失溫了，她狠狠地爬上吉普車，有失平日的帥氣地蜷在後座一角。本來以為她是急性高山症，跟在前往普諾的夜間巴士一樣，但她信誓旦旦的說不是，症狀是有那麼一些不同啦。看她這樣我們也很擔心，但目前除了讓她休息，問她要不要吃東西之外，好像什麼也做不了。

胃痛的女孩不但發冷還越來越虛弱，已經把能穿的都包在她身上了，我還把我備用的一件羽絨衣也給她穿了，她還是一直說冷，本來想讓她吃點東西讓身體產生熱量，看這樣看會不會暖和一

點，她説胃痛不想吃。

我硬是塞給她一條香蕉叫她吃，她一臉不悅的回我：「我胃痛到底是要怎麼吃？」來自中國北京情侶檔上車了，女生上車了獨留男生在外頭等日出。

我也冷得受不了，她把半根香蕉吃掉，神奇的是吃下去後發冷的症狀有好轉，這時候外面已經天色漸亮，太陽慢慢的從地平線爬起。

「日出之後不是應該要溫暖一點嗎？」女孩問我。

「其實有比較不冷了。」我説。

「我怎麼覺得都一樣。」女孩快速看一眼鹽湖的日出，接著又睡著了。

結束了第二團回程路上，依然不舒服的女孩趴著休息，一直到回到旅館還是虛弱的不得了。我們的第三個追水團是早上 8 點，大概有 3 小時的時間可以休息。

經過討論大家覺得她還是放棄第三個白天追水團，留在旅館休息
比較好，白天團我們其他 3 位去就好。

不然這樣一直不舒服下去，對後面的馬丘比丘會有很嚴重的影
響，我們還特別去延後退房時間，雖然留她一個人其實大家也不
太放心，不過似乎沒有更好的辦法了。

我們開始第三個追水團，並且把胃痛的女孩留在房間裡。

烏尤尼追水三部曲 III
白天追水團 by團員華安

惱人的微風持續吹拂。
本來期待著像這樣晴空萬里的烈日下可以追到水，
誰知道它就像諸葛孔明借來的東風一樣源源不絕，
我心裡覺得發燒的女孩沒跟到白天團一點也不可惜。

這已經是 24 小時內的第三次追水。

整個追水團的 SOP 簡單來說就是：旅行社門口集合→中途挑鞋
→抵達鹽湖區找積水→拍照→回程。

車子奔馳在兩旁都是沙漠的唯一一條聯外道路時，我又看到了那
個「小心駱馬」的可愛牌子。

胃痛又發燒的女孩在房間休息，她一直希望能拍到這個告示牌，
可是車子的車速太快，這條公路也無法任意停車，加上跟司機大
哥語言不通，我想，要拍到這個「小心駱馬」的告示牌只有我拉
手煞車，讓車子大甩尾後停下來拍照這個方法了，但我還想平安
的回到台灣啊！

（早上 11 點，她在空無一人的房間呼呼大睡。）

雖然我本身對拍照這件事有一點小研究，但要拍出一張滿意的照片，絕不是只靠攝影師一個人就能達成的。

像這一趟拍的許多照片，許多，都是胃痛的女孩自己不爭氣，本來一張構圖取景都恰到好處的照片，被她角度不對的大臉、圓潤的身軀以及粗勇的雙腿給毀了。

可惜了祕魯邊境的紅色地標，普諾 San Juan 教堂前曬太陽的老人以及在拉巴斯女巫市集的路邊攤。

本來自己對於拍照的一點信心，經過這一趟，拍人物的信心徹底被擊垮，還因為這樣在庫斯科沮喪了一個晚上。

對！就是這裡要左轉切出柏油路離開文明，然後沿著都是車輪痕跡的泥巴路一直開看到保護區的牌子之後，右轉一直走，大概再開半小時，各位觀眾──鹽湖到了。

只要有車我們根本都可以自己來了（撥瀏海）。

（中午 12 點，她依舊在空無一人的房間呼呼大睡。）

想在烏尤尼追到完美的倒影是很看人品的，天時地利人和缺一不可。前一天的日落團不如預期，期待著今天的白天團能拍到讓人驚艷的天空倒影。

當車子第三度停在積水區，看著晴朗的天空和一～～～～大片的積水，應該開心的我們卻是一點笑容也擠不出來。

「丞相，起風了。」

在這個「摸門」，我的腦海中全是曹操的手下在提醒他已經起風了的這一幕。

看著一大片的積水搭配著徐徐的微風，整片水都是被微風吹起的漣漪，整片。這時候不要說什麼天空倒影了，現在連個鬼影都反射不出來。

「賽冷涼！」我這一輩子可能只會來這一次啊！

瓊瑤說你是風兒我是沙，我又不是沙，風兒大哥你可以不要再吹了嗎？

難怪在小鎮上碰到的背包客，光是追水就追了 8 次，一切都只是為了一睹完美的天空之鏡。

惱人的微風持續吹拂。

我們本來期待著像這樣晴空萬里的烈日下，這種小微風應該很快就停，誰知道它就像諸葛孔明借來的東風一樣源源不絕，看來我們的人品真的不是很好。

我心裡覺得胃痛的女孩沒跟到這個白天團一點也不可惜，不知道她有沒有比較好一點。

（下午 1 點，她昏沉地走去了公用的廁所，然後繼續在空無一人的房間呼呼大睡）

終於放棄的我們，開始驅車前往沒水的地方。

下車後，看著我們的車和這一片一望無際的乾涸鹽田，我心裡浮現了一個好畫面，當我正想爬上車頂去拍照的同時，司機大哥開始從車上拿出他的道具要大家集合。

首先他要我們我們大家十指緊扣手牽手跳躍，就是要拍在白色的鹽地一躍而起的照片，1、2、3，我們照做了，然後他發現有人沒有勾腳導致照片看起來不整齊劃一，所以又再度要求我們重跳！重跳了 6 次之後，這一位對自己作品要求極為嚴格的司機大哥終於滿意的點點頭，讓我們看最後的成品。

我説司機大哥啊！你可以不要那麼盡職嗎？我們總共有 7 個人你要大家整齊劃一真的很不簡單，而且我們幾乎徹夜未眠，連續追水追了 3 團，你何必這樣苦苦相逼呢？

你以為手牽手跳躍完就沒事嗎？
接著他拿出了每一個追水團司機都有的標準配備——酷斯拉公仔。趴在地上的他以他的角度指揮我們的位置，要我們拍各式各樣的借位照。
「逃離酷斯拉」「腳踢酷斯拉」「拳打酷斯拉」
團體照拍完後還要一個一個來拍獨照，每一個。
大概拍了 7749 次之後，他終於滿意所有的作品並且心滿意足地把酷斯拉收回車上。

（下午 2 點，她在空無一人的房間一邊吃著泡麵一邊打包行李）

當他收起酷斯拉時，我以為觀光客照就到此為止了，沒想到從車子裡鑽出來的他手裡拿著品客洋芋片。趴在地上的他以他的角度指揮我們的位置要我們拍各式各樣的借位影片。
「洋芋片打地鼠」「洋芋片下水道」
對自己作品要求極為嚴格的司機大哥只要發現影片有一點點瑕疵就是重拍，
重拍了十次之後，他終於滿意的點點頭讓我們看最後的成品。

我想此時此刻胃痛的女孩一定不能體會導演喊殺青時，我們的心
裡有多波濤洶湧，心情比順利拿到玻利維亞簽證還激動。

「不知道女孩現在的狀況怎麼樣？」
「燒退了沒？」
「我們要不要買點東西給她吃？」
「不知道她有沒有辦法搭晚上的夜車？」

我們用擔心跟一生也許只會來一次的鹽湖說再見。

房間裡只剩下我

豔陽高照的外頭正熱鬧著，

出了一身汗的我連走去公用的廁所都有點暈。

我無力地躺在床上望著天花板，

對於無法參加白天的追水團感到懊惱萬分。

2012 年的冬天，加德滿都的五星級房間裡只剩下我。

拖鞋四處散落，行李箱也就這麼門戶大開的擺在寬敞且鋪著讓人眼花撩亂地毯的走道上。

飯店代洗的衣物洗好折好，並且每一件都用透明的塑膠袋包好，整齊地擺在窗邊的裝飾用五斗櫃上。

我啜了一口枕頭邊有著雕花的床頭櫃上已經涼掉了的溫水，摸摸自己的脖子，嗯，沒清晨時那麼燙了，雖然還是很不舒服，不過至少燒已經退了。

下午兩點，豔陽高照的外頭正熱鬧著，出了一身汗的我連走去有

暖房的廁所都有點暈。我無力地躺在床上望著天花板，等著他們回來。

早上自個兒去加德滿都市區觀光的他們說中午會回來，順便替我買點東西吃，大概是燒退了的關係，所以飢餓感格外明顯，燒了一天一夜沒有進食的我，飢腸轆轆。

我躺到全身痠痛，怎樣就是盼不到他們回來。

距離說好的時間都過了兩小時了，我越來越擔心他們的安危，於是我披著白色的睡袍，硬撐起昏沉的身子，蹣跚地半扶半走，往 Lobby 移動。

我問櫃檯：「請問你有沒有看到跟我一樣的亞洲人？」
然後用手指我自己的臉。
沒想到飯店說：「有啊！他們幾小時前去了 Casino。」
「What？Ca⋯Ca⋯Casino⋯⋯Casino⋯Casino⋯！」

對，我爸跟我媽真的可以說是時間的完美支配者，他們在我發燒只能在房間休息的時候，充分的利用了每一分每一秒。

有沒有搞錯！你女兒一個人在房間發燒你們竟然去 Casino ！
雖然說 Hyatt Regency 在加德滿都是沒有安全疑慮的五星級飯

店，但是你們也不至於放她一個人默默的在房間餓肚子吧！

我怒氣沖沖地走進 Casino，一眼就看到我媽拿一盤炒麵。
「欸！這裡的炒麵很好吃耶，我已經吃兩盤了！」說完又在某遊戲前坐下。
我心想，要是不硬撐著來找你們，我大概會餓死在房間裡。

前一天我們還在帕斯帕提納（Pashupatinath）巴格馬提河邊，企圖用超然的態度去面對死亡，雖然說之前在印度的瓦拉納西恆河的小船上，也親眼目睹過印度教徒的火葬儀式，但是那麼靠近亡者的屍體，我還是頭一遭。

那雙從金黃色袍子下露出來的黑黑腳丫子，我至今依然印象深刻，而火葬場的漫天飛灰，讓我根本不敢開口講話，我媽提議去 Swayambhu 廟裡走一走再回飯店，她的提議獲得壓倒性的認同。話雖如此，當晚我在一陣腸胃不舒服之後就發燒了，我爸一口咬定我絕對是被煞到──我自己倒是覺得我應該就是慣性的水土不服。

我爸媽塞了一盤炒麵給我叫我吃一吃再回房間睡覺去。
我吃了兩盤。

2017 年的夏天，烏尤尼的青年旅館房間裡只剩下我。
拖鞋四處散落，行李箱也就這麼門戶大開地擺在窄到無法
通行的小走道上。
唯一的掛衣架也晾滿剛洗好的內衣褲，就這麼擠在亦是唯
一的可透光窗戶邊。

我啜了一口枕頭邊已經涼掉的溫水，摸摸自己的脖子，嗯，
沒清晨那麼燙了，雖然還是很不舒服，不過，至少燒已經
退了。

下午 2 點，豔陽高照的外頭正熱鬧著，出了一身汗的我，
連走去公用廁所都有點暈。我無力地躺在床上望著天花板，
對於無法參加白天的追水團感到懊惱萬分。

大概是連追了兩趟水體力透支，再加上吃壞肚子的關係吧，
到底是為什麼突然發燒我自己也不知道，反正我吃了大家
熱情贊助的藥也就快快退燒了。

「今天的天氣特別好。」
「他們應該會拍到很多漂亮的倒影照吧！」我撥開窗邊正
在做日光浴的內褲往外看，在心裡發牢騷。

我一邊吃著泡麵一邊打包行李，情緒低落無比。

馬丘比丘前哨站：印加聖谷

今天行程就是一直在海拔5千公尺、
被群山圍繞著的印加聖谷裡穿梭，
龐大的巨石遺跡，沿著山壁而建、殘破不堪的古城
卻讓我們爬到腿酸腳軟。

這是我踏上南美洲大陸以來聽到最標準的英語了！

「喜歡庫斯科嗎？」

有別於濃濃的西班牙口音，導遊席夢（Simmons）的美式英語讓我有一種放心的感覺。當我們還在訝異整台車就只有我們時，專屬巴士已經迅速地駛離庫斯科市區。

「那邊的山區看起來像是一個身材姣好的性感女子躺著，所以我們把那裡叫做 sexy woman 也就是 Saqsaywaman……哈哈哈哈！」席夢自己講解還自己笑場。

「我真心覺得胸部太大一點也不性感，重要的是比例好嗎！」我在心裡喃喃自語。

喬伊從一早就開始拉肚子，要一直不停地夾緊括約肌的感覺，我

想每個人都曾經體會，只是看著她在崎嶇不平而廁所難尋的山路上緊握拳頭、抱著肚子，我也只能默默替她的括約肌加油打氣。

第二站草泥馬牧場到了。
身為一個專業的觀光客，餵食草泥馬吃草當然是少不了的。
誰說 36 歲的人不會有童心未泯的時候，我開心地餵著長相討喜的駱馬。我不想讓牠們很快就吃完，所以只好把草高舉過頭，可是大小駱馬伸長身體之後比我還高，「Don't eat my hair！」我邊叫邊跟力氣很大的駱馬拉扯著草，以及我的頭髮。
在一旁看餵食秀的席夢一直哈哈大笑。他的笑點怎麼可以那麼低？！

我們並沒有停在叫做 Pisaq 的小村落裡，反而往山邊開去，不然我倒是對 Pisaq 著名的小市集還蠻有興趣的。
Pisaq 遺跡就轟立在山丘上，建築充分利用了山丘僅有的超小平地和山坡地來建造墓地、田地、梯田以及岡哨，Pisaq 的建築師真的好會利用容積率小的空間，發揮出最大效用，根本可以媲美永康商圈或是瑞安街那裡的小豪宅建築法了。
我們在高處鳥瞰烏魯班巴河（Rio Urubamba）以及印加聖谷的美景，在大口吸著新鮮空氣的同時，喬伊早已經體力透支。

坦白說，一大早就出門的我，其實有點累了，幸好席夢宣布大家在烏魯班巴吃午餐，喜歡這間餐廳的原因，是因為桌上擺了撒上

肉桂粉的 Pisco sour 當作歡迎酒，而我一個人把其中的 3 杯一飲而盡。

幹嘛？小小杯而已呀！而且我又不用開車，我們在這一間不把食物填滿的 Buffet 裡吃得超滿足，而喬伊則是趴在桌上睡覺，什麼都沒有碰。

今天行程就是一直在海拔 5 千公尺、被群山圍繞著的印加聖谷裡穿梭，而今日最後一站則是發音很難發的奧揚泰坦博，這裡有著印加聖古模樣的巨石遺跡，規模龐大的遺跡就在村落後方，必須抬頭仰望才可以看到遺跡的全貌。

「該不會要我們爬上去吧！」我擔憂著。

「bring it on, Ollantaytambo」席夢說，而我難過了。

然後席夢就跨了大步往上爬了、跨了大步往上爬了、跨了大步往上爬了。

我們用至少 45 度角傾身的姿勢爬了 3 百階的樓梯，終於來到了有一大片美麗印加石牆的平坦廣場，大家都在這裡用力地喘大氣，我們也不例外。

沿著山壁而建的古城縱使已經殘破不堪，但卻依舊壯觀。

奧揚泰坦博是印加聖谷谷地裡高度相對高的地方，這裡的石階必須抬起腿才有辦法向上抬升，就連爬過五寮尖的我，都覺得有點喘。我就不信印加人腿有那麼長，我在心裡碎碎念。

我們讓喬伊在車上好好休息，畢竟明天是我們這趟旅程的大日子，雖

然我們在出發前已經有了如果她真的太嚴重就把她丟在飯店的「棄船機制」，但再怎麼樣還是不希望有一個人被丟下。

廣場上有著一大面用六塊巨石排列組合的石牆，巨石之間的縫隙用細長的石頭完美的銜接，完美的。
「你們看，石頭就是從那裡運來的。」席夢指著對面方向的村落。
這到底要花多少人力才有辦法把這麼大的石頭運到裡來？我越想越覺得古印加人的大腿很有力。

流了滿身汗的我們，異想天開地想找個咖啡廳坐坐，在奧揚泰坦

博你到處可以看到 Coffee and Free wifi 的招牌，畢竟大部分
想去馬丘比丘的旅客，都是選擇在這裡搭乘火車去熱水鎮。

喬伊一直在熟睡，我希望她可以善加利用每分每秒好好補充元
氣，明天是我們的大日子，早上 5 點就要集合，説真的，我們
真的不願意丟下任何一個人。

根據我最信賴的好朋友 google 大神顯示，我們的車廂是有著透
明屋頂的玻璃車廂，只可惜夜太黑，根本什麼都看不到，

一抵達熱水鎮火車站（Aqua Clientes），就有飯店的人高舉我
名字的招牌，在站外接我們，雖然抵達熱水鎮已經是晚上 10 點，
但熱水鎮卻活力依舊，一定是旅人們準備攻頂的心正澎湃著。

天空之城——馬丘比丘

我可以坐在這裡，哪裡都不去。
看著雲看著霧，從日出到日落。
馬丘比丘——舉世聞名的印加聖地，
在這樣的高度落腳著實令人意外。
馬丘比丘，從睡眠中甦醒。

我要往天空的方向邁進。
穿過雲霧，我要站在天空裡。

早上 5 點，準時餐廳吃早餐，6 點出發前往巴士的搭乘處。
放了香蕉、零食、兩瓶水、防曬用品以及護照的背包好沈重，我
手裡緊緊捏著那一疊一路往天空之城的通行許可，心情是既興奮
又忐忑。

我反覆不停地檢查護照以及通行證，深怕就差這麼臨門一腳，敗

興而返。

昨天發燒拉肚子的團員今天看起來好多了，昨天極度高壓的我們在今天都鬆了一口氣。

一輛輛的巴士就這麼停著，清晨 6 點的熱水鎮雖然多了上山旅人的喧擾依舊可以聽見熱水鎮河（Rio Aquas Calients）的淙淙湍急聲，寫了名字的通行許可在搭乘巴士的時候被撕掉了第一張，再來，就是馬丘比丘的門票了。

我跟馬丘門票拍了一張自拍照傳給阿翔，跟他分享我要上馬丘的興奮。他回傳給我一張他們在馬丘的合照，對面瓦納比丘（Huayna Picchu）的老人側臉很清楚。

「要在這裡拍」阿翔說。
最好是我這樣看得出來在哪裡拍啦！我心裡想。

馬丘比丘的門票是多次進出的，想上廁所只能出來使用入口的廁所，為了減少不必要的麻煩我一直不太敢喝水，一整天的時間我們都背著沈甸甸的背包在馬丘的遺跡裡爬上爬下。

檢查護照以及通行證完成──男服務人員還跟我挑了眉眨了眼並且用他的薄唇對我輕柔地說：「Welcome to Machu Picchu」我在表面上微笑說 thank you 但是在心裏想：「他對每一個人這

樣擠眉弄眼不累嗎？」

一進入馬丘比丘遺址，我們那專業嚮導席夢馬上來個偏離航道的左急轉，「這是我的秘密通道，跟著我，這樣比較快而且沒有人。」這條沒人的小徑是之字形的上坡道，斜度有點陡，昨夜應該有下過雨，沒有鋪石板的泥地雖然有長草，但是依舊有點溼滑泥濘，穿著慢跑鞋的我走起來其實很不安。

你很難想像印加帝國的第九代皇族和貴族就是居住在這個石造的城市裡。

或許這就是它被稱為天空之城的原因吧！

它被斷崖、尖山、河流以及叢林小心翼翼地包覆著，而令人無法由空中一窺它的全貌。海拔只有 2 千 4 百公尺的馬丘比丘，就在這麼得天獨厚的條件下，逃過西班牙人千軍萬馬橫掃，得以保存下來。

「東側向陽面技巧性地開墾為梯田，種植了馬鈴薯和玉米；西側則是作為儲藏食物用的倉庫居多。」

席夢仔細又耐心的邊爬邊解說著，而我們緊跟在他後面，一邊聽一邊氣喘吁吁。

離開了他的秘密小徑我們走到了遺跡群中，停在一隻吃著草、配色滑稽的黑白駱馬前小歇片刻。

「牠是馬丘比丘的警衛，駐守在此，日日夜夜。」然後放了一片柯卡葉在嘴裡嚼並且問我要不要。我搖頭笑了笑。我真的很討厭乾嚼柯卡葉，不管它對高山症以及調整呼吸多有幫助。

沒多久他帶著我們走到了一個平台，平台上有兩個綁著頭巾、穿著寬鬆民族風服飾的金髮女孩，正望著對面的山巒，神情專注而不發一語。

正當我對她們兩位感到好奇時，「這裡是拍照最好看的地方，我們在這裡先等一會兒，等等山嵐散去你們就可以拍到漂亮的那瓦納比丘（Wayna Picchu），漂亮的老人下巴。」席夢的話打斷了我，我往右手邊看去——這裡不就是阿翔的那張照片嗎？傳說

中的天空之城不就是這個圖嗎！？

瓦納比丘被早晨帶著充沛水氣的山嵐雲霧包圍著，我們的時間挑得正好，對面的石城內根本就還沒有遊客進出，整個馬丘比丘遺跡清晰可見，只差老人的下巴被雲霧繚繞著。不然就是一張完美的明信片了！

「我們在此休息一下，等等氣溫升高之後水氣也會被慢慢蒸發，你們就可以看見老人的下巴了。」席夢說。

馬丘比丘的美，絕對是瞬息萬變。光是在這個平台等待雲霧散去的半小時內，它早已千嬌百媚，兩位攝影師們拚命地拍著，而我就這麼呆呆地站著，看著對面的山，說不出一句話來，現在我理解了為什麼那兩位金髮女孩可以一言不發的望著那山頭發呆。

我可以就坐在這裡，哪裡都不去。
看著雲看著霧；從日出到日落。
馬丘比丘──舉世聞名的印加聖地，在這樣的高度落腳著實令人意外。
馬丘比丘，從睡眠中甦醒。

當你站在這裡，你也會跟她們一樣；跟我一樣，因為感動而說不出話來。
有人說一生一定要來一次馬丘比丘。
我說，一生絕對不能只來一次馬丘比丘。

品味馬丘比丘

我們繼續往上走，
走入了一小段的印加古道，
只有一人肩寬的道路，
屢次被想走就走想停就停的駱馬給擋住。

書上寫的每一個景點導遊席夢都沒有錯過，從進行祭典的葬禮石到石造的蓄水池，從公主的宮殿到皇帝的行宮，還有採石場以及三窗神廟。

「冬天跟夏天的陽光照射的角度不同，所以這裡有兩扇向東的窗戶，除了可以接收陽光帶來的熱能，同時也可以知道時節。」
「太陽神殿底下就是陵墓了，你可以在庫斯科的博物館裡發現屬於這裡的木乃伊。」
　席夢說著，而我們不停地嘖嘖稱奇。
「栓日石吧！」

如果你問我哪個遺跡最特別。我個人覺得日晷算是很有意思的一樣，印加人用太陽決定曆法，縱使在同一時期的明朝早就已經不知文明到哪裡去了，我還是覺得這個石頭挺有想法以及技巧的！

當然還有仿照安地斯兀鷹振翅而飛所刻的兀鷹石，他帶著我們裡裡外外仔細地走了一遍整個遺跡，而我的膝蓋就這麼上上下下的不停地在我體內因為疼痛而尖叫著。

「好了，接下來的時間就留給你們，我會跟你們在奧揚泰坦博火車站碰面然後再帶你們回庫斯科。」他說。

不到早上 11 點，席夢就帶著我們逛完整個馬丘比丘，精準地。
不知怎的這個效率讓我有點失落，我們在出口跟席夢說再見，並
且在馬丘比丘的廁所門前囫圇吞「蕉」，半包重口味的洋芋片也
在 3 分鐘之內被解決。

時間還有很多，我們決定再走一次馬丘比丘，再次的細嚼慢嚥。

畢竟，我也不知道這一生何時會再度造訪天空之城馬丘比丘。

第二次參觀馬丘比丘品質就沒有早上那麼好，除了遊客激增之
外，我們再度來到剛剛的平台，雲霧是散去了沒有錯，但是總覺
得早晨被山嵐環抱的瓦納比丘有一種迷濛的美麗，現在看得太清

楚反而覺得美感不再。

「瞭望台那裡有個印加之橋可以去看看，是以前印加軍隊通行的橋樑。」書上這麼寫著。
於是我們往上走，走入了一小段的印加古道，只有一人肩寬的道路，屢次被想走就走想停就停的駱馬給擋住。
我以不驚動吃草的牠為原則，繞過牠而行，深怕牠會一個不小心把我擠到另一邊深不見底的山谷裡。
而印加之橋早已經荒廢，沒有橋基的部分架著幾根木頭，我一邊拍照一邊幻想著軍隊浩浩蕩蕩的模樣，翻山越嶺。

最後一張有著我名字的票給了 IncaRail 的車掌小姐，坐在有著透明天窗的 Expedition 號火車上，回程跟去程一樣地吵雜，不同的在於昨晚來的時候是晚上，外頭一片漆黑，而現在的陽光透過天窗直接打入車廂內的旅客身上，每個人的臉上都在閃閃發光。

南美洲的咖啡真的很好喝，我一邊喝著今天的第四杯咖啡，一邊回想那雲霧裡的山丘，那老人的鼻子跟下巴，如同仙境般的不切實際。
只有站在那裡你才可以感受到，我們決定下次用徒步健行的方式跟馬丘比丘再相見。
奧揚泰坦博到了，熟悉的身影從散去的人潮中反方向迎面而來，是來接我們的席夢，他露出一口白牙笑著問我：

「有好好享受馬丘比丘嗎？」

「當然」

「那就讓我把你們送回庫斯科吧！」

再見，馬丘比丘。

Maras and Moray
旅行團

參加廉價的 Maras and Moray 半日團，
從琴切羅到圓形梯田
再到馬拉斯鹽田，
被壓縮的景點時間，被放大的購物行程，
讓我們每個人都意。興。闌。珊。

唯一的優點大概就是準時吧！

這是我給 Maras and Moray 這個廉價的半日團唯一的正面評價。帶隊的導遊時間總是抓得很緊，這點我個人很欣賞，其他──就沒有什麼特別優秀的地方，大概因為前兩天的席夢導遊表現過度優異，導致比較起來相距甚大，所以這一天的我們個個意。興。闌。珊。

本來嘛！由儉入奢易，由奢入儉難──勉強可以用來形容現在的我們。

幾乎全車都是西班牙人，只有不到 5 人是聽英文的，所以導遊必須分別用西語和英文講解一次。說真的，我覺得沒有太大的差別，我根本分辨不出他在講西語還是英語。

我們直接從古蹟琴切羅耶（Chinchero）旁片刻不停留的呼嘯而過──是一種連拍照都來不及的速度把我們帶離現場。

反倒停留在一間手工紡織的店家門口，此舉對於一個人 25 索爾（約當於新台幣 250 元）的團來說其實很合理。只是這種先看示範再叫你買東西的 SOP 我們一點興趣都沒有，於是我們上了廁所就奪門而出，並且一去不回頭。

與其在手工藝品店等著掏錢，我倒不如去外頭晃晃，就算只有幾隻流浪狗的街道，空無一人並且滿地的泥濘，這裡，也訴說著一種荒蕪的空寂感。

採購團們結束了被當肥羊剝皮的行程。

「嘿！我們剛剛經過的是琴切羅耶！」我在心裡對陸續上車的他們大聲地吶喊，可惜沒人聽見。

導遊的解說怎麼可以如此助眠，搭配著巴士的規律晃動，我昏昏欲睡，突然，我眼睛一亮！

是圓形梯田（Moray）！

由上往下看有點像是個大漩渦，你也可以假想它是個紅豆抹茶捲，一顆顆的石頭是來自萬丹的飽滿大紅豆，而層與層間的雜草就是來自宇治的抹茶粉，對！就是抹茶粉，紅豆和抹茶粉最搭了。

「這個高度落差大約 100m 的梯田，高低溫差有 5 ～ 10 度，而印加人則利用溫差來種植不同植物⋯⋯」導遊在解說著。用我分辨不出的雙語繼續 bilingual 著。

基於一個禮貌以及傳遞良好的國民外交，我強忍著焦躁，不停地用想像力來遮掩我對解說的不耐煩，我很想直奔這個圓形凹陷地的最底層。

總覺得圓形梯田底部會有無限的能量釋放，所以想站在圓的中心點高舉雙手汲取力量。

可惜「立入禁止」的招牌就直挺挺地杵在那裡，而參觀時間就只有 40 分鐘，不然我倒是很想在梯田的底部做個我不曾做過的冥想姿勢，接接神祕的梯田地氣，搞不好從此就脫胎換骨、煥然一新。

就差顏色了！

馬拉斯鹽田（Maras Salt Mines）怎麼看都像蜂巢，像是上面有

著滿滿蜂蜜的蜂巢格，大概有 4 千塊的鹽田像是魚鱗又像是蜂巢片片相連，緊緊相依。

走在紅白相間的鹽田裡，我心裡一直想著甜滋滋的蜂蜜，我順手沾了一下地上的鹽田積水嘗嘗——超級鹹！！

我忍不住把混了鹽水的口水往地上吐。

而且鹽田的水還有點溫度，之所以在 3 千公尺高的地方有鹽出，是因為高鹽度的溫泉，溫泉湧出之後儲存在梯田中，經過日曬水分蒸發後就是似雪的白鹽片片了。

一樣只有 40 分鐘的短暫時間，

這團特色就是只要肯消費，商店隨便停多久；觀光景點不必久留，把人帶去拍拍照就好。

這些既定的 SOP 都不讓我意外，比較意外的是在最後一個景點馬拉斯鹽田結束的時候，有兩個素未謀面的女子上車了，她們就擠在前座上下車的階梯處，在大家還搞不清楚狀況的時候，車已經開了，坐在最前排的我看到她們沈甸甸的包包把她們嬌小身軀的肩膀壓到下陷，感覺裝了不少東西似的。

「應該是要來推銷的吧！」我想。

果不其然，她們拿出包包裡的 Pisco 酒跟小紙杯開始請大家試喝，順水推舟地推銷起來，在我心想怎麼會有人買的同時，已經

有人下單了。

大家興高采烈的品嘗她們帶上車的酒，而我卻望著窗外，外頭的風景很陌生，一點也不像我們來的那條。

「應該是有另外一條路可以回去庫斯科吧！」我想。

恭喜兩位酒促小姐成功賣出四罐小 size 的 Pisco，這樣的業績應該算不錯吧！否則她們不會心情不錯地跟坐在我前方的導遊打情罵俏，射手座的直覺很準的，就是在打情罵俏無誤！

沒多久巴士在一個陌生的城鎮停了下來，酒促一號依依不捨地下車了，然後就剩下酒促二號跟導遊開始另一段的打情罵俏系列。

「吐賽！你帶旅行團還順便接送妹仔下班啊！」參加過無數 local 團的我對於這種接駁車概念巴士還是第一次遇到，酒促一號下車之後，巴士終於開回我熟悉的道路上往庫斯科移動。

對嘛！這才是我們來的路啊！我記得這個招牌、這戶人家，還有這個水果攤！

所以剛剛那段路是多繞的？所以我們的景點時間被壓縮也是其來有自？那我們還在土產店各停了一小時？

想撿便宜參加一個人 25 索爾的團？可以。

但是請先要有充分心理準備去面對所有不該發生的脫序。

跟著一哥去旅行

這不是我第一次有這種幼稚的行為，
「跟著一哥去旅行」算是我這趟旅程的得意之作，
不為什麼，就是圖一個調皮搗蛋的腦內啡刺激。

我穿著桃紅色的雪靴，忍不住一直在上揚的嘴角，拉著經紀人來到台北市松山區南京東路跟東興路口，我拿著手機仔細的比對照片背景裡大樓以及紅線旁的那根路燈。

阿翔的右手有點像是圓弧形，而左手放在口袋前，手指頭要伸直，兩隻腳要有點外八，大腿微開是關鍵，還有搭配的文字，一定要打上跟他一模一樣的文字才有效果，我拍了照、打上文字，標記他，送出後，哈哈大笑並且殷殷切切地等著他的回應。

「你有病嗎。噁心死了！」他馬上回答並且附上一個嘔吐的表情。
我的目的達成。
這是我第一次的幼稚行為，就在 2015 年的 2 月 13 日，而調皮搗蛋一直是我人生中不可或缺的小樂趣。

****

這不是我第一次有這種幼稚的行為。

「跟著一哥去旅行」算是我這趟旅程的得意之作。

「我很確定這面牆在中央市場的對面，就是你可以喝到新鮮青蛙汁的 San Pedro Market。」席夢用一種肯定的語氣一派輕鬆且充滿自信的語氣說著。他一直記得我想去體驗的青蛙汁，對！就是把死的生青蛙打成汁的青蛙汁。

於是在庫斯科一個午後，我們結束了品質很差的半日團後，走回在山坡上的飯店，把亂買一通的浴鹽以及食用鹽卸下，匆匆出門。

我邊走邊揉著痠痛的肩膀——可惡！鹽巴真的好重！我現在可以確定那個寓言故事裡運鹽的驢子，絕對是為了減輕重量才假摔，然後把鹽巴丟進水裡的。

我們在庫斯科入住的第二間旅館在山坡上，順著往下走，正好是中央市場，旅社位置其實不怎麼好，距離市中心的武器廣場要20 分鐘步行時間，算是有點偏離市區，還好早餐很豐盛，內部裝潢借由頗具歷史感的老物件以及大量盆栽的點綴，別具風味。

又是一間有天井的青年旅館，對印加人來說，每天都可以沐浴在陽光下是何其重要。

我們順著偶有狗屎的石磚路下坡，邊走邊比對周遭的景色，放大再放大手機那張照片，仔細比對石牆上的孔隙，對於席夢——我只有佩服兩個字可以形容。

「就是這裡！」我鄭重的跟大家宣布。並且拿出急就章的道具，然後大家開始分工合作；有人負責拍照、有人負責拿兩台手機，仔細比對位置，妝髮組也仔細盯場。
「再左邊一點，對就是這裡，身體再挺一點……」
「腳再彎一點，膝蓋放鬆，下巴低然後臉往右偏。」
完成了第一張的「跟著一哥去旅行」。

悠閒庫斯科博物館日，也是我們最後一天待在庫斯科。「快點，光已經不對了！」團隊中的攝影組焦急的看著空中的烏雲。
我們腳步急促地往庫斯科武器廣場前的噴水池走去，「這樣拍起來效果不好。」他一直在看陽光跟烏雲的光影。
「阿翔拍的時候應該是早上，現在拍影子的位置會不對喔！」攝影師說。「沒關係啦！我們也只能盡力就好。」
「反正也只是要塞郎他（跟他開玩笑）。」我一直在竊笑，就是那種有鬼點子才會有的表情，周遭的朋友都有看過。

如果撇開光線不說，這張照片花最久的時間，是在調手指頭的彎曲度，我真心不懂拍照就拍照，到底為何阿翔連手指都要有戲？害我要在一堆觀光客面前作出跟第九代印加王查庫提（Sapa

Inca Pachacuti）一樣的姿勢。

幸好我的恥度在業界來說算很夠，擺著Pose 讓團員替我喬到相似的角度，無視來來往往觀光客以及觀光警察的異樣眼光，完成另一張「跟著一哥去旅行」。

利馬的聖法蘭西斯教堂這張照片的模仿難度又略勝一籌了！

這張照片除了主角是用自拍的方式呈現之外，後方還重疊了一位表情有點空靈又帶著些許不知所措的配角，配角還把手指放在嘴唇上，做了一個性感又俏皮的表情。同行的夥伴情義相挺，那個表情、那個嘴唇，唯妙唯肖，謝謝攝影組蕊內的跨刀。看到成品之後，我們在教堂前肆無忌憚地笑彎了腰。光線再調一下，就是另一張「跟著一哥去旅行」。

不為什麼，就是圖一個調皮搗蛋的腦內啡刺激。

你以為這些在國外的精心策劃就隨著南美洲之旅畫下句點嗎？

我的幼稚行為才正要漸漸成熟茁壯。

利馬的人骨教堂

走往陰暗又潮濕的教堂地下室，
來到至少有2萬5千具人骨保存的地方
空氣很潮濕，還瀰漫著一種詭異的味道，
突然，我有種全身僵硬的無助感。

穿著曲線畢露緊身上衣超短熱褲的女子，神態輕鬆地橫跨六線道馬路；在人行道上穿梭的妙齡女子，身著緊身褲悠然自若地吃著紫色的 Chica 冰棒。

終於在旅程的最後幾天，找到屬於南美洲的熱帶風情。

搭配著沒冷氣計程車上的重節奏音樂，我們都忍不住偷偷搖擺著身子——「這樣才對嘛！」本次旅程唯一的男團員，貪婪地望著大街上的女孩們發出「嘖嘖嘖嘖」的狀聲詞。

然而，「叭叭叭叭」又急又刺耳的喇叭聲，倏地把他，也把我們拉回現實。光是從利馬機場到飯店的路上至少聽了 5 百次喇叭聲，真的是 5 百聲。

請問在利馬按喇叭是有低消是不是？

每天每輛車不按個一百次好像就違反了利馬人的「國民生活須知」似的猛按，想超車也按，超車也按，燈晚 0.1 秒起步也被按。

每輛車的低消應該是 2 百聲，我想。

靠海的利馬，大概有近 9 百萬的人口，飛機一落地、機艙門一打開的 Moment，皮膚就接收到空氣中的濕氣而倍感親切。

我們在舊城中央區（centro）的平價旅社，有著絕佳的地理位置以及絕對陽春的設備。右手邊是利馬的市中心武器廣場，樓下

是一間便利商店，隔壁一條街則是有觀光警察駐守的聯合徒步區（Jiron de la Unión），而徒步區走 3 分鐘就有星巴克，這樣的位置真的是一百分。

又是一間沒電梯的旅店，「沒關係！」我們大家互相加油打氣。反正扛著快 20 公斤的行李上下樓梯，我們也早就習慣了。可惡！早知道不要在馬拉斯鹽田買那麼多沐浴鹽送人，鹽巴好重，而我又沒辦法像伊索寓言裡面的驢子一樣，把它倒在湖裡減輕重量！

到了利馬要看什麼？當然是西班牙風情的中央廣場（Plaza de Armas）大教堂（Cathedral），除此之外，同樣位於中央廣場的政府宮（Palacio de Gobierno）中午的衛兵交接，也是深受觀光客歡迎的行程，同時我發現，路邊有穿制服的志工，在進行舊城區的免費徒步導覽，懶得看書找景點的，可以就這麼跟著志工導遊來個市區遊。

我最想去的地方就是這裡，一座融合巴洛克以及安達魯西亞建築風格的聖法蘭西斯教堂修道院（Monasterio de San Francisco）。

「一定要去看地窖裡的人骨。」我從起飛前的日子就開始碎碎念。這座耗費百年才建成的教堂，是由一座主教堂、15 座禮拜堂、修道院、博物館以及我最想看的地下墓園所組成。聖法蘭西斯教

堂內外兼美，一直念念不忘那藍白相間的賽維利亞磁磚，以及巧奪天工的壁畫，還有唱詩班雕工精美的木製座椅！每一樣經過幾次大地震摧殘之後保存或重建下來的物品都是藝術品，都是。

解說員接著帶我們走往陰暗又潮濕的地下室，「就是這裡了」我忐忑著。裡面至少有 2 萬 5 千具人骨保存在此，按照部位分門別類，小腿骨在一區，大腿骨在一區，骨盆在一區，而頭蓋骨則是在最後一個圓形的井狀塔裡。
是我的心理作用嗎？

我一直覺得空氣中除了潮濕之外還瀰漫著一種詭異的味道，從來沒有那麼壓迫的感覺，幾乎是憋著氣在聽著解說的。也不是沒有去過地窖，倫敦地牢也是又黑又暗，可是當你跟 2 萬 5 千具遺骸在同一個空間裡的時候，你真的有種全身僵硬的無助感。

「我只想快點離開這裡。」這是我唯一的想法。
我快步走出了聖法蘭西斯教堂，利馬的夕陽餘韻溫暖地打在我的臉龐上。教堂前小朋友追著鴿子嬉鬧的笑聲，跟一直在腦海裡迴盪的人骨地窖，形成強烈而震撼的對比。

意外的旅程：邁阿密

邁阿密又潔白又乾淨。
搭著巴士直奔邁阿密的南灘，
整片海灘上都是滿滿的比基尼，
天空好蔚藍、海水好清涼；
我把腳深深埋在沙子裏，沙子好細好柔軟。

「To me, this is the most attractive city of your entire trip, ha ha.」你應該一邊用 Alessi 的杯子喝著 Espresso 配著你最喜歡的鸚鵡糖一邊這麼寫著。

你會選擇去第 11 次的東京,而我會想要去我第一次的科卡峽谷看兀鷹。

你偏好有地鐵的高度開發大都會區,有高密度摩天大樓最好,仰望一棟棟挺拔的垂直大樓與天空構成的人為天際線。

而我坐了 3 趟折磨靈魂的長程巴士在鄉野間穿梭,把自己搞得灰頭土臉還可以沾沾自喜地自拍留念。

算一算我們還有 6 個小時,人都來到邁阿密了,怎麼可以放過大

名鼎鼎的南灘？

我們健步如飛地在機場快走，不想浪費因為飛機延誤因禍得福所賺到的每一分每一秒。

邁阿密又潔白又乾淨。

這是我抵達市區 Lincoln Street，這個佛羅里達州的第二大城的第一印象。

搭著巴士直奔邁阿密的南灘，大街上跑車來來去去，整片海灘上都是滿滿的比基尼，天空好蔚藍，海水好清涼，而整片白色沙灘像是一條圓弧形的白色絲帶一樣，沿著海岸而擺，我把腳深深埋在沙子裏，沙子好細好柔軟。

我們一群穿著運動服羽絨衣的遊客，決定在沙灘上拍一張觀光客都會拍的跳躍照，相較於在沙灘上曬太陽的慵懶人們，顯得特別格格不入，連海鷗都在看著奇裝異服的我們笑岔了氣。

你們要笑就笑吧沒關係。我們只是想把我僅有的時間好好地創造回憶而已，穿著長褲在南灘就算是方枘圓鑿也是很有趣的回憶。

「小心！」

不時還要注意有穿著露出小蠻腰的緊身運動服、戴著耳機的健康型美女，從橫切面喘著氣跑過去，在豔陽下盡情地展現她們的力與美。

所剩的時間不多，溫伍德（Wynwood）這個藝文特區是我們第二個要去的地方。雖然我很想去海洋大道（Ocean Drive）走一走，也很想去小哈瓦那（Little Havana）假裝自己來到夢寐以求的有著粉紅色計程車的古巴，

最終我們還是去了市中心的溫伍德牆（Wynwood Walls），這裡本來是老舊的倉庫區，後來逐漸吸引許多街頭藝術家的參與，

進而發展成規模最大的街頭藝術區。

這裡不但每一面牆都是藝術品，每間倉庫都有不同的展覽館；有石雕有照片也有藝術家們的收藏品，我盯著牆上的塗鴉看得出神也仔細，處處都有驚喜。

我們在邁阿密版的駁二特區待了快兩小時，決定搭車去坐無人駕駛的高架輕軌電車，我喜歡軌道運輸，應該是說，相較於巴士或是飛機，我們都很著迷於軌道運輸這種大眾運輸系統。

往外走幾個街區我們還看到在電視上才看到的露天健身房，一群身材姣好的男男女女在佛羅里達的熱情陽光下，奮力地做著胸推以及硬舉。

怎麼邁阿密的居民讓我覺得既熱血又無憂無慮？難怪在 8 年前這座城市是全美最富有的城市。

陽光、沙灘、比基尼、跑車、棕櫚樹，寬敞又乾淨的馬路！這是屬於邁阿密多元的萬種風情，沒有辦法在南灘迎風奔馳實在很可惜，下次我、我們，一定會好好享受這個屬於佛羅里達，屬於邁阿密的熱帶風情。

充其量只是習慣而已

秘魯菜的口味跟台灣菜其實有著很多的共通點，
光看菜名就覺得很台灣，
我最念念不忘 Ceviche 跟 Pisco sour 的完美組合，
當然，還有再也吃不到 Salteña 的遺憾。

在每趟旅程中，不管時間多長，口味多麼相似，我依舊沒有真心
愛上當地的食物，印度的咖哩、倫敦的炸薯條和炸魚排、日本的
拉麵或者北歐的冷魚湯。本來嘛！食物不就是滿足人類最原始的
欲望而已。

浩子說秘魯是美食王國，這點我還算同意。
秘魯菜的口味跟台灣菜其實有著很多的共通點，
例如：蔬菜燉肉鍋（Sancochado）還有河蝦濃湯（Chupe de
Camarones）以及秘魯炒牛肉（Lomo Saltado），這些光看名
字就覺得很台灣的秘魯菜，讓在異地的我，無形中有一種跟家鄉
緊密連繫的感覺。

蔬菜燉肉鍋的概念，就是我們的滷白菜加上大量的馬鈴薯以及肉類，而河蝦濃湯就海鮮濃湯比較不同的是多了濃濃奶味，那秘魯炒牛肉我就不必多說了吧！反正在秘魯，每道菜都有馬鈴薯就對了（淚）。

我對於食物並不講究，不限時間、不限種類和地點，餓的時候吃點可以維持基本的生存機能的食物就好，這是我一直以來的飲食原則。

比較例外就只有秘魯的 Ceviche 了！從第一次吃到它開始，我就喜歡上那又酸又辣的交錯滋味。其實我不愛吃辣，但是在南美洲，我餐餐都在追尋這種刺激味蕾的快感。
Ceviche 即是檸檬醃生魚，將新鮮的魚類以及貝類用檸檬汁醃熟，再用辣椒、洋蔥以及各式的蔬菜香料一起涼拌，是秘魯的代表料理之一。

秘魯靠海，所以有大量的海鮮。
Ceviche 裡的醃漬魚肉始終保持著生魚的鮮味，但多了一個鹽烤活魚才有的彈牙口感。酸、辣、鮮、彈，外加洋蔥及配菜的多層爽脆，這種在舌尖上的錯綜情愛糾葛，就算在高海拔不能喝 Pisco sour，也已經感動得賺人熱淚。
除了我最愛的 Pisco Sour，紫玉米汁（chicha morada）也算是我會想念的飲料之一。紫玉米汁其實是印加時期就開始飲用的

一種甜飲，味道有點類似發酵過的果汁，不含酒精，加上檸檬汁和砂糖或者肉桂粉去調味，風味在秘魯各地有些許不同，我個人認為有點酒精會比較有風味，好吧！是高濃度的酒精會更增添它的風味，其實。

Chicha 不但被做成瓶裝飲料販售，連路邊也隨處可見小攤販用很古早味的方式，一個桶子、一根長湯匙自製自售 Chicha，就連在海拔 3 千 8 百公尺以上的的的喀喀湖周邊，Chicha 口味冰棒也是人手一支，邊走邊吃。

再來就是你絕對不可能在台灣找到的 Salteña 了。在玻利維亞你隨處可見推著小餐車沿街叫賣，雙頰曬傷且皮膚黝黑的婦女們。

紫玉米湯。

我最愛的Pisco Sour。

我是在追水前的烏尤尼跟它初次相見。

我一口咬下外型像大型煎餃的半圓形麵粉製餅皮，裡面包的肉汁整個溢出，還好是站在攤販前就吃了，賣 Salteña 的婦女見狀馬上熟練的遞給我一張摸起來很粗的衛生紙。

牛肉餡的肉汁鹹中帶甜，裡面還有半片滷蛋，吸收了肉汁的滷蛋搭配著酥脆的外皮，我在烏尤尼小鎮的路邊攤一邊大口吃著，一邊由衷的喜歡這個味道。

一直到旅程的結束的一個月後，我還在念念不忘 Ceviche 跟 Pisco sour 的完美組合，當然，還有再也吃不到 Salteña 的遺憾。

烤醃雞肉，上面烤地瓜球。

Salteña牛肉餡餅。

浩子説：妳要跳下去

 妳就是要跳下去啊！

 不要猶豫，什麼都不要想

我睜睜地看著他，畢竟他練肖話總是一派認真。

 妳甲衫脱脱了就落去了啦！

 我跟妳説，妳既然都已經到了世界上海拔最高的湖了

 妳就一定要跳落去嘛！

我很肯定酒精沒有在他體內作祟。

11 月 26 日，我生日的前一天。距離跳進的的喀喀湖還有 64 天。

我們一起在台中的靜宜大學有個校園活動。

他用著他一貫的誠懇態度，鼓勵我。跳。下。去。

  我還在猶豫不決。

 沒有什麼可是的，我甲你共，這是的的喀喀湖耶！那是課本上才會出現的。

 妳今天都千里迢迢來到那麼遠的地方了！

 妳就要給他跳下去啊！丟某？妳係不係要給他跳下去！？

 我就給他跳下去了！而且在跳之前妳要大喊：我在的的喀喀湖！代表我來過這裡！這樣才對嘛。

我被他的熱情說服了，著著實實的。

出來旅行不就是為了做些瘋狂的事嗎？我體內的瘋狂基因在鼓譟著。

我心想，既然他都可以跳下去了，為什麼我不能？

過年前的日子總是最忙碌的，節目除了要忙存檔之外，也要加錄過年特別節目，尾牙季也是這個時候，我忙得焦頭爛額，我必須坦白說。

但是我一直心繫著跳湖這件壯舉，我開始準備泳裝，成人用的浮手，喔！

我沒告訴你們嗎？我其實不是很會游泳，在游泳池裡我可以悠游自得的仰式、蛙式自由切換，但是如果在一個平均水深有 140 ～ 180 米、跟海一樣大的高山湖泊，我絕對不想冒著被湖水吞噬的那麼一丁點風險，冒然的給他跳下去！所以多慮的我又在某個精品購物網站，加購了一個方便攜帶、外觀簡約又大方的吹氣型救生衣，只差沒有哨子以及可以發光的 LED 燈，它就是符合國際航空標準規格的救生衣了。

1 月 8 日，距離跳進的的喀喀湖還有 21 天

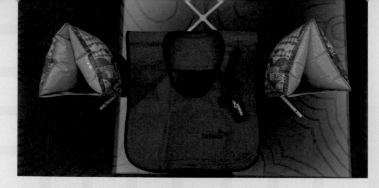

 啊，妳跳之前有先做任何的暖身操嗎？

卡！這題我扣分，我對不起社會大眾，我怎麼會問如此蠢的問題？

各位親愛的大朋友小朋友們：你們在下水之前一定要做暖身操，而且要做好做滿，知道嗎？

 那個的的喀喀湖本來就可以跳下去嗎？

 那我要注意什麼？在船上先開合跳個 50 下再跳？（笑）

 那你在湖裡游泳的時候，有人阻止嗎？水警之類的？

我心裡的畫面是：浩子頂著 0.5 公分的光頭，奮力地游，而他後方有個穿著帥氣的深藍色緊身海岸巡邏隊制服的男子，胸肌練得很大很結實，戴著機師墨鏡、開著擦得亮晶晶的巡邏艇，拿著大聲公用很有磁性的迷人嗓音對著浩子大聲說：「Stop Swimming！」「Yes, I do.」我同一時間大喊。

我的語氣興奮不已，交感神經左右著思考和心跳。

 那個湖是可以跳的！

浩子用一種慵懶的 Tempo 好整以暇地回答我的問題。

 因為那邊沒有人管妳要幹嘛！　　我聽見他啜了一口液體。

 重點是要確定身旁的人有辦法救妳。

他又補了一口液體，是二割三分的獺祭，就是我生日他送我的那瓶，我想我聞到了。

然後妳在台灣要每天去戶外游泳池
先做準備，這樣妳就可以跳下去了。

對於跳湖一事，我既期待又興奮。

1月9日，距離跳進的的喀喀湖還有20天，20天。因為心中太多忐忑，於
是又傳了訊息問他。

浩子，你去跳那個的的喀喀湖，是在湖中
間從船上跳下去，還是從岸邊跳下去？

我用有畫面的情緒問他，那個畫面是他在四周都是高約一公尺水草的湖中
間，用他最愛的自由式，盡情燃燒他的小宇宙！

 我跳下去之後發現那個水他媽的超冷的！

 我本來是從一個岸邊要遊到某一個小島的，因為其
實沒有很遠。後來游不到10秒鐘，心裡就覺得受不
了會失溫！所以就趕快上岸了，還好我在游的時候
都有背著氧氣瓶，不然那個十秒鐘真的會不行！

 所以我跟妳講平常沒有在游泳的人
不要輕易嘗試。妳真的會縮起來！

等等，導播！麻煩幫我倒帶重播一下，浩子剛剛說了不要什麼？

現場FD大喊：「不要輕易跳下去」

靠！他竟然在我跳進湖裡游泳的20天前改口說：「不要輕易嘗試」

「安安你好！阿你係莊孝維嗎？」你之前的真情流露到哪裡去了？

那些說好的幸福，跟曾經的山盟海誓都煙消雲散了嗎？

然後我看著我的浮手、時尚救生衣，此時此刻我比較需要的是那浩子背在身
上游了10秒鐘世界海拔最高的的喀喀湖的──氧氣瓶！

我跟他的WhatsApp對話結束在1月9日，然後再也沒有互動。

第二章
旅行，總是帶來驚喜

迷路算甚麼？被司機坑錢也沒在怕，
但是，當水果攤老闆娘以跑百米速度，
拎來一隻肥大死青蛙要幫我打果汁時……

我暈了。

求生手環

出發南美洲之前，我買了求生手環，
它是一條附有打火石的逃生手環，
採用 550 等級的傘繩，三米長，
如果不幸巴士翻覆在山谷裡，
有了這條手環我就可以自行生火。
我就有機會活著回來。

同樣的平常日午後，制式化的在咖啡館裡流連。
旁人耳語伴隨著熱拿鐵的香氣，嘰嘰喳喳。
我那失控的想睡靈魂伴著時光飛逝，滴滴答答。

昏昏欲睡的我，勉強打起精神，想把長程巴士的資料查清楚。
這裡燈光昏暗，音樂類型也偏輕偏緩，是間適合戀人們在耳邊呢
喃大過於看書的咖啡館。
與其說是咖啡館倒不如說是小酒館來得貼切——我心裡想。
我不管，我就是要任性地打開跟整體空間很不協調的銀白色
Mac，出發剩沒一個月，再不加快速度就來不及了！

對於別人開車我一直很沒有安全感。

我一直都習慣自己開車——或者對於這個人有極度信任感我才會讓他開我的車或是坐在他的車上。這是我一直以來對於別人的不信任感。而這趟旅程偏偏我又必須經歷 3 趟長程巴士的折磨，就身心靈來說，心理壓力絕對是最大的考驗。

我很庸人自擾地爬了很多關於夜間巴士的文章，3 段巴士其一的烏尤尼到拉巴斯的夜間巴士的路程最為險峻，失事率也最高，曾經還有巴士因為天雨路滑而翻覆在山谷中造成傷亡。

「我必須做些什麼」我告訴我自己。
「我必須擬定一個計畫，來因應這個沒人希望發生的如果。」我打定主意。

好比如果真的有那個如果——我必須活下去。
於是我 google 了關鍵字「求生」，購物頁面上出現一長串相關產品，可惜林林總總的不是體積太大就是曲高和寡派不上用場，正在我心灰意冷、呵欠連連時——「嘎……嘎……」煮咖啡的聲音和濃濃的咖啡香把我拉回現實世界，謝謝在小酒館點咖啡的那個寂寞單身男子。

「就是它了！」我眼睛一亮的鎖定了一項產品。

「求生手環」被我放入了購物車。

它是一條附有打火石的逃生手環。採用了 550 等級的傘繩，總共三米長，簡單來說，如果不幸我們的巴士真的在險峻的途中翻覆於山谷裡，而我幸運地擊破車窗的 4 個點，並且更幸運地逃出了車外，有了這條手環我就可以自行生火，生火是生存最重要的關鍵（推眼鏡），這是我在 Discovery 上看到的，同時我也可以拆解傘繩並且用 550 等級的繩子，把食物吊在樹上避免猛獸的搶食。當你有火有食物的時候，就算所謂的黃金 72 小時救援已過都沒有人找到你，你也可以存活下去──這是我心裡的如意算盤。

完美。太完美。

我在信用卡付款的時候給自己一個精神抖擻的掌聲鼓勵。

很僥倖也很感謝老天爺，在這旅程中那條我一直身不離環環不離身的求生手環，一直派不上用場。

特別是 3 趟的長程巴士中，我還未雨綢繆地替自己準備了一個精巧的求生包，裡面有隱形眼鏡兩副，以及一副眼鏡、幾條巧克力、防曬乳和小瓶礦泉水。

而在整趟巴士移動的期間，求生手環一直在我的手上；手機也一直環掛在我脖子上。

同時，我也要求我的同伴輪流守夜保持清醒，以免有緊急狀況發生，但這一點我們並沒有達成協議，他們一上車就呼呼大睡，只有我睡睡醒醒、東張西望。

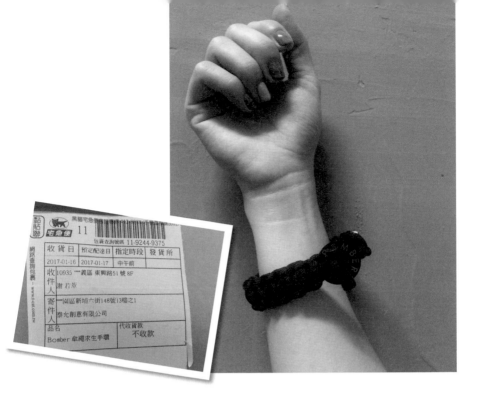

典型的被害妄想症吧！我想。

離開了南美洲，我依舊保持著一上巴士或飛機就先找緊急出口及車窗擊破器的習慣。

錄影的時候我也都選擇坐在第一排最靠近門口的位置，會暈車是其次，重要是逃命比較快！

「coffee？pick me up at Neihu」WhatsApp 的訊息跳出。

「ok」

只要讓我自己開車， 其他怎樣都好。

長程巴士很折磨

3段長程巴士之旅頗難熬，
車上時間彷彿已經凍結，
那是一種「沒有終點」的絕望感。

早上 7 點。

我們準時抵達普諾巴士總站（Puno Bus terminal），我一向準時，你知道。

現場大部分都是背著比我們高出一個頭那種巨型背包客的背包客，從他們黝黑的膚色、削瘦的臉頰以及未刮的鬍子，可以看得出來他們已經旅行了好長一段時間。相較之下，一身新裝的我，拖著 27 吋銀色、幾乎沒有刮痕的全新 Samsonite 托運行李，整個巴士總站的氛圍，顯得跟我格格不入。

付了稅金找到巴士位置，把行李放上設計不良的行李寄放處後，此時此刻我感覺到四周瀰漫著不安的氣味。好像有一股騷動就要襲來，差不多就像布萊德彼特主演的《末日之戰》中，那個發現世界上有殭屍的驚恐大開場。

在電影裡，他們坐在車上，從後照鏡看到後方有一股不明的騷動正往他們而來，有喚起你們的記憶嗎？對，就是那種知道有事情要發生，但不了解狀況只能坐以待斃，讓海浪襲來的感覺，我不喜歡這種不安的緊張情勢，胸口開始跟情緒一搭一唱地讓我一喘不過氣來。

「謝小姐，冷靜點，沒事的」我告訴我自己。

「Don't panic, stay calm and slice the problem.」

經過一場座位大搬風的混亂，我們終於找到正確的位置。

射手座的直覺一直很準，就是因為欺騙不了自己的直覺，所以只能保持鎮定。

我按照昨天特地來巴士總站劃位的座位表，找到了我的座位，咦？等等，座位上有人？而男子用西語夾雜著手勢，跟我說了一串話，我用英語告訴他我聽不懂並且搖了搖頭，為什麼他會認為我聽得懂西語呢？對於跟坐在我座位上的人無法溝通，而他又賴著不走這件事，我覺得很無助。

車外不停地傳來夾雜著西班牙文、英文、德文的吵雜聲，讓我又更焦慮了。我下車去找驗票大哥，請他幫忙找到我的座位。可想而知他又跟我說一堆我不懂的語言。我用英文他用西語，兩人根本無法溝通，正在我想辦法擠出 Plan B 的同時，有一個金髮女孩拍了拍我肩膀，她告訴我巴士被變更了，所以座位也被變更，

她是剛剛上車後才發現的，她有著一股濃濃的德國口音，在這個拔劍張弩的時刻，我頓時覺得德國腔很好聽，而德國好美好美。

她叫我去找櫃檯的人重新劃位，因為整台巴士座位都不一樣了，她一字一句是那麼優雅、那麼氣定神閒。廢話！因為她已經重新劃位而且有位子了啊！我往櫃檯走去，這裡才是騷動的來源，也就是說，這裡就是 28 天毀滅倒數前，那一間關了很多猩猩狒狒，而每一隻都很憤怒的動物實驗室，因為大家上了車之後發現自己的位子已不復存在，所以一群鮭魚洄游到櫃檯前擠個你死我活，想重新劃位竟比逆流而上還要困難。

沒辦法，在這種非常時期，我們在文明與理性的範圍內，使用非常手段，我揮舞著原本的票，用尖銳又高亢的聲音大喊：「我們有座位！我們有座～位～（尾音拉長）」期待櫃檯人員在人群中能聽到我的呼喚聲，並且讓我通過有軍警把關的一層樓高鐵絲網！就像是 80 年代電影一般。喂～那是滾滾紅塵的場景啦！

大概是亞洲人的臉孔比較不一樣，櫃檯人員接過我的票，重新對到了新的巴士座位圖，幫我們劃了新的座位！

拿到了新座位要走回巴士時，有一對情侶檔，男生看似有南美洲血統，而女生是歐洲人，也拿著票根緊張兮兮地想企圖了解狀況，想必他們一定跟我們有一樣的遭遇，此時也陷入一種恐慌，於是

我發揮人溺己溺、人飢己飢的精神，把剛剛德國女孩的話轉達給
這一對情侶。

要分辨一對男女是不是情侶，除了從他們對視眼神中，有一種旁
人誤入會燙傷的灼熱感之外，後來他們在車上不停用舌頭狂甩對
方舌頭的行為，以及在沒有空調的車上一直覺得很冷，所以雙手
不停地在對方大腿和身上摩擦生熱的行為，我合理的懷疑他們應
該是情侶無誤。

時速只有 60 公里。在一條沿著的的喀喀湖的鄉間小路上。
我挺直了貼滿痠痛貼布的腰桿，想試圖了解在這 2 小時中，巴士
司機的速度為何一直無法超過 60 公里，我又能怎樣？跟司機畫
圈圈嗎？跟平常對經紀人喊西班牙文快一點「安德烈安德烈」一
樣嗎？
掙扎無用。
雖然座位在會暈車的中後段，雖然車子感覺只能低於 60 公里，
但至少我們安然地上了車，至少我們距離穿越邊境又靠近了一步。

坐船的時候你感受不到它的遼闊，反而是在坐長途大巴時才恍然
大悟。我以為我眼前所見的湛藍是一片汪洋大海，
而的的喀喀湖在陽光下閃閃發光。
是的，從秘魯普諾到玻利維亞拉巴斯的這段路途，是極度漫長的，
我們好不容易有了座位，也順利通過邊境到了一座玻利維亞的小

城市科帕卡巴納（Copacabana），在這個地方有人上車講了一堆西語，我旁邊的澳洲男子問我他説什麼，咦？你怎麼會問一個亞洲人秘魯人説什麼，這邏輯怪怪的？

幸好有幾位會説好幾國語言的德國老先生，協助坐在前座的蕊內翻譯，告訴我們要去拉巴斯的人要在科帕卡巴納下車並且換搭另一台巴士，不然我們根本不知道會被載到哪裡去。然後蕊內告訴我，我就用英語告訴旁邊的澳洲男孩，澳洲男孩再告訴後方的德國女孩。
這不就是旅途間的美好嗎？同舟共濟的情感縱使短暫，還是會留下美好回憶，在巴士上的我頓時深刻的體悟著。

我們從科帕卡巴納換了一台巴士之後，巴士開到了湖邊大家依序跟著德國老先生走，我們被告知大行李可以留在車上，人下車就

好，就在大家摸不著頭緒的時候，「有巴士在坐船！」我聽到有人這麼喊，沒錯，這一段路程就是人下車坐船，巴士也坐船跨過的的喀喀湖的其中一段。

「嘖嘖嘖，酷斃了」我説。

過了河之後又是漫長的巴士一路等著我們。

印象中，我幾乎沒有搭乘長程巴士的經驗，除了去年演舞台劇，半夜從台南搭統聯回台北那一次。然而這跟在市區搭公車觀光瀏覽城市風光，又是不一樣的旅行速度。

對於這次 3 段長程巴士之旅，雖然早已做了萬全的心理建設和準備，大多時候我都感覺時間根本就是凍結的，不知道時間是凝固不動，還是車子根本就沒有動，就是一種「沒有終點」的絕望感。屁股好痛、小腿腫脹，膝蓋也彎曲的很不舒服，在連空調和窗簾都沒有的巴士上根本沒辦法入睡，想要折磨自己，可以試試長程巴士，這也是一種不一樣的人生體驗。

整車的人都一樣，忍氣吞聲地巴望著目的地拉巴斯快點抵達。

我看了看離線地圖，還早呢！

既然沒法入睡，那就隨著崎嶇不平的路晃動節奏搖擺吧！

聽聽音樂、天馬行空，只要不去冀望快點抵達，提什麼都好。

想這就是所謂的「在地節奏」吧！而氣味相投的旅人，在此相遇。

我覺得我快不行了

從阿雷基帕到普諾的夜間巴士，
為一段不停爬升的山路，
急性高山症就好比催狂魔籠罩在我四周
頓時，我覺得好沮喪好想哭……

然而沒有開暖氣的夜間巴士依舊爬升個不停，從２千３百公尺的
阿雷基帕到３千８百公尺高的普諾，有１千５百公尺的高低差。
我一直很怕麻煩別人的個性，讓我憋著身體的不適不說，寒風陣
陣從窗隙狡猾地溜進我的四周，搭配著沒有開暖氣的巴士，高度
不停爬升，而溫度則急轉直降。

「我覺得快不行了」我倚著窗，對著我身邊的攝影大師華安說。
我氣若游絲的吐出了這句我怎樣也不願說出口的話。

我可以感覺到他聽到這句話的時候，瞬間繃緊神經並且秒用一種
美國的英雄電影很常出現的拷問犯人方式不間斷地質問我——
「你現在是什麼狀況？」
「你現在有什麼感覺？」

「是高山症嗎？是哪裡不舒服？」

「需要我幫你什麼嗎？」

「你從什麼時候開始不舒服的？」

「你今天有吃藥嗎？」

「如果 10 分是昏倒的話你大概是幾分？」

我真的沒有能力去細細品味他的每一個疑問句。

說真的，當你身處在一個接近零度而且不停地往高處移動的大型冷凍庫時 —— 你真的沒有能力去聚焦那些**拷問**，唯一的例外是 —— 對方是有 50 道陰影的格雷，

那，又是另一個故事了（菸）拷問我！拷問我！我什麼都招了！

「我真的，很不舒服……我快不行了」

我用盡力所有力氣，緩緩地說出最關鍵的那幾個字。

然而沒有開暖氣的夜間巴士依舊爬升個不停。

搭配著乘客們大口的喘氣聲以及氧氣筒的吸氣聲，喔，還有刺骨的寒風從窗縫鑽進那「咻咻咻」的逼人風聲 —— 此起彼落。

那是急性高山症，後來我的家庭醫生這麼告訴我。

不舒服的當下好像有個超過一百公斤的男子，穿著尖頭牛津雕花皮鞋踩在你的心臟上面。

把心臟踩扁之後再用雙手用力地掐住你的心臟 —— 想把心臟捏到噴汁那種捏法。

到底為什麼不是輕揉愛撫胸口呢？（臉紅）

你會感到無法呼吸，所以會用力的大口吸氣，你越吸越大力可是卻越吸越喘；你吸吐吸吐、你吸吸吐吐、你大吸大吐，可是空氣依舊是那麼的稀薄。
然而沒有開暖氣的夜間巴士依舊爬升個不停。

最後。
你終究會掉到一個惡性的呼吸困難無限輪迴裡。

我的頭痛欲裂，腦子裡好像有個人拿著電鑽要打開用木板釘死的腦門想要努力爬出來一樣的痛，我噁心想吐，又昏昏欲睡。
不知道是坐我後方還是我後後方有人在吃 79 元的 costco 雞肉捲餅，我聞到味道時超想跟屍速列車的喪屍一樣，從行李架上方爬過去呼她幾個巴掌的。

整個巴士都是她的 costco，整個巴士瀰漫著詭異雞肉捲餅氣味。
然而沒有開暖氣的夜間巴士依舊爬升個不停。

除了這些生理上的痛楚之外，高山症就好比催狂魔，我頓時覺得好沮喪好想哭；我覺得自己很沒用，千里迢迢來到那麼遠的地方竟然被高山症糾纏，我很想打電話給我媽然後放聲大哭，想到這裡我的淚水已經在眼眶轉啊轉的。

「千萬不能哭！哭下去會更缺氧。」

幸好我在接近彌留之際，有一個理智的聲音把脆弱的我從崩潰邊緣拉回來。我默默的把眼淚吞下肚，我不是不想哭，而是我知道，此時此刻的我沒有能力哭。

然後華安給了我一顆專治急性高山症的藥物，他把我當成 80 歲的奶奶一樣照顧，安撫內心極度脆弱的我，除了用那條超輕薄的旅行用小毯子，把我緊緊地包住，他差一點要幫我穿襪子，但是被我用最後一絲的力氣極力阻止！

然而沒有開暖氣的夜間巴士依舊爬升個不停，窗外的美景就如同浮光掠影，我在迷迷糊糊之間看到外頭的草木都結了一層白色的薄霜，然後我在不安與沮喪中再度睡去，謝謝我的旅伴。

拉巴斯印象

玻利維亞首都拉巴斯，
第一印象是一片雜亂無章的建築群，
磚瓦、鋼筋、水泥、晴天時揚起的塵土，
一群和樂融融的男女老幼。

從普諾到科巴卡巴那（Copacabana），從秘魯入境玻利維亞，
從搖晃的巴士換搭更搖晃的船，再換回沒有空調的巴士。
從普諾到拉巴斯（La Paz）的這段路途真的太漫長了！一路上的
高原風景縱使再奇幻再美麗，顛簸的路程也把我們震得喘不過氣。

被沒有空調的長程巴士折磨著疲憊不堪的我們，逐漸靠近玻利維
亞首都拉巴斯，首先映入眼簾的是一片雜亂無章的建築群，每戶
人家都有個共通點，你不清楚它是否已經完工。
磚瓦隨意擱置在路邊，屋頂的鋼筋外露，水泥混了一半就置之不
理，小孩穿著破舊的衣褲在路邊踢著有補丁的足球，野狗們成群
結黨。

野狗、小攤販、婦女和小孩以及無所事事的男人們和樂融融地共

享著晴天時塵土飛揚、雨天就泥濘遍地的泥巴路。

這個城鎮到底發生了什麼事？
外頭飛沙走石，而巴士裡的大家也不遑多讓地灰頭土臉。看著窗外的此情此景，我必須說我有點傻眼，我捏著因久坐而腫脹的雙腿，搓揉因為無法伸展而疼痛的膝蓋——此時此刻只有一杯加了 oreo 碎片的星冰樂，才能撫慰我受傷的心靈，喔，還要有滿滿的鮮奶油 on top。

從普諾到拉巴斯的這段路途真的太漫長了！
「拉巴斯是首都，它絕對有星巴克，絕對！」我往著窗外的奇景，給自己的同步凋零的意志精神喊話！
不是沒有見過所謂的貧民窟，我還記得那兩年柬埔寨的炎熱，愛

滋村的小朋友赤腳在用鐵皮屋搭建的房屋外奔跑，溫熱的紅土地上什麼垃圾都有，而他們無畏地跑著跑著，等著那隻用樹枝串起來烤得吱吱作響香氣逼人的狗兒被大卸八塊。

吳哥窟外圍垃圾掩埋場的臭氣薰天，男女老幼就住在用帆布和粗樹枝搭建的簡陋的帳篷裡，垃圾車回來了，而小孩們個個興奮無比對著傾瀉而下的垃圾簇擁而上，在現場戴著口罩卻還是難掩嫌惡表情的我，終究忍不住地淚流滿面。

這裡比柬埔寨好太多了，至少這裡還有磚有瓦有水泥。
只是這個區域傳遞給的我的是一種逆來順受的訊息——沒有基礎建設，沒關係；房子沒完工照住，也可以；道路坑坑疤疤也毋需在意，他們踢著球開開心心，而我望著滿目瘡痍——不語。

拉巴斯是個碗狀的谷地，
進出拉巴斯都必須跟打陀螺前的收線動作一樣，一圈一圈的繞著倒錐形體或上或下，我們在雨中跟拉巴斯初見面，第一印象並不好，坦白說。
多多少少跟整個拉巴斯沒有一間星巴克有關係，
「怎麼可能？」我在心裡吶喊，
「在南美洲什麼都有可能。」Eric 的賤臉浮現。

我們從巴士總站叫計程車要往旅館去，上坡又下坡上坡又下坡。

而路又小又擠，明明就是兩線道的石板路，拉巴斯人也不知道為什麼硬要擠個四台車並行。

通過一個凌亂有著熟悉氣味的小菜市場，就到了我們在拉巴斯第一晚的旅館。

蕊內說：「我想要大吃牛排」。

所有人把行李丟在房間，直奔牛排館。

初登場的拉巴斯像香港，氛圍或夜色。

很像去年 10 月通往原創坊的 Aberdeen Street 又陡又斜，不同的只有空氣裡的含氧量以及我們爬上爬下的大口喘氣聲。

睡前蕊內拉開床簾，沿著山坡而建的房舍燈火通明，

晚上的拉巴斯跟鑽石一樣閃亮。

走錯路就是旅程的開始

在拉巴斯找不到牛排館的當下，
我馬上想要看影子、找河流、問路人！
可是瑞凡，找牛排館的那個 Moment
是個沒有影子的晚上 8 點鐘啊！

走錯路不就是旅程的開始嗎？

我在心裡想著，笑著。

很小的時候，爸媽帶著我們去歐洲自助旅行，

我記得那一天的我們停留在有著萊茵河支流內卡河畔（Neckar）

的海德堡（Heidelberg）。

我媽為了省錢，總是訂那種位置很偏遠又很難找的青年旅館，在

我家，分工是很鮮明的──我媽出資，我爸是保鑣，我是翻譯領

隊兼導遊，我妹就是伙房兵。

我個性上控制狂的養成大概就是從這時候開始的，我想。

紙本地圖左移右轉就是找不到青年旅館的那條路，我記得海德堡的小巷弄很多，於是我們就在海德堡大學週遭的小街道裏不斷繞啊繞的。

「找不到不會去問路喔！去找警察、店家那種看起來像在地人的問路就對了！」
我媽用她那一貫的尖銳聲，老神在在地要我拿著地圖去問人，也不管年紀小小的我有沒有能力溝通。
我的勇氣開關大概就是從這時候被開發的，我想。
溝通無用，因為我們根本就還在原地打轉。
我氣急敗壞地想要叫計程車直接前往目的地。
「坐什麼計程車？就是要用腳走，你才算是真正踏在這片土地上，你才算真的來過這個城市。」我天真的爸爸很少可以說出有道理的一番話。

我爸對著負責拿地圖找路的我說：「先感覺地勢的高低，把河找出來，或者用太陽跟影子的位置去分辨東西南北，這兩點是在你方向感混亂的時候可以幫助你瞬間分辨方位的撇步。」

在拉巴斯找不到牛排館的當下，我馬上就想要看影子、找河流、問路人！
可是瑞凡，找牛排館的那個 Moment 是個沒有影子的晚上 8 點鐘啊！我想起我爸的話，有那麼一點想他。

在拉巴斯的第一個 Full Day，當然要來個一日遊好好的認識一下
這個所謂世界上海拔最高的城市。

昨天終於舒舒服服的洗了個熱水澡——在經歷了 58 小時沒有洗
頭洗澡以及夜車的折磨之後，熱水澡是比高檔 SPA 還極致的奢
華享受，因為太忘情所以一不小心在公共浴室邊洗邊開演唱會，
洗到一半才想到拉巴斯是海拔大約 3640 公尺、世界最高的首都。
我還是邊洗邊喘邊唱，管他的，反正死不了就還好。

我們從山坡上的、有著天窗的、堪稱漂亮有裝潢的平價旅社出發，
從跨出有著彩繪玻璃的大門之後就開始一路向下，朝著大碗盆的
底部走走鬧鬧，你說要去哪裡我也不知道，反正就是看看這個城
市的面貌。

手上有所謂的旅遊書帶著很好，誰說必玩必吃必看的地方就一定
要去瞧瞧？

我們想走就走想停就停，肚子餓了就吃，想上廁所就付錢找 BAÑO（西班牙語中的浴室），沒有 follow 旅遊書的推薦其實也挺美好。

拉巴斯的這一天天氣很好，首先出現是慕里約廣場（Plaza Murillo），包括國會議事堂（Palacio de Legislativo）和有著文藝復興樣式的總統官邸（Palacio de Gobierno Catedral）也都集中在這個大廣場。

有著彩繪玻璃的旅館大門

官邸前紅黃綠相間的玻利維亞國旗，拉巴斯的紅綠都旗與象徵傳統印加民族的彩虹方塊旗，伴著吹入盆地的冷風趾高氣昂！

在拉巴斯我唯一想去的地方是有神秘色彩的女巫市集（Mercado de las Brujas），書上說這裡有很多民俗藝品，例如法術用的藥草以及跟巫術用的下蠱小物。

我一直對那種神秘的力量著迷不已，如果可以遇到傳說中的女巫幫我做法或是算命，那麼 58 小時的夜車奔走，就真的值回票價，我心裡想。

我們就這樣邊走邊問路，通過了櫛比鱗次的拉巴斯商業中心區，來到了薩卡路那哈街（Calle Sagarnaga）也就是女巫市集這個區塊。

說穿了有點像萬華的青草巷，小小的店舖擺滿了我唯一認得的蘆薈以及一堆不知名的草藥，明天就飛庫斯科的我在此時懦弱了，我止住射手座特有的好奇心不去嘗試莫名其妙的藥草汁，畢竟後天的印加聖谷和馬丘比丘對我來說是最重要的行程。

我急著想找到所謂的正宗女巫店。我由衷的期待可以看到一些魔法用品像是五芒星、咒語書、魔杖或是巫師袍之類的（喂！那你要去哈利波特的斜角巷才對吧！）

說真的，女巫店好讓我失望，賣的清一色全是壯陽藥，好啦！成串懸掛著的小羊駝乾屍看起來是有那麼一點驚悚，除此之外，其他真的就還好。

在失望之際我撇見一款粉紅色的瓶裝液體，還有幾款圖案是一男一女的小物，知道朋友有需要的我馬上被吸引過去。

愛情香水——這個我的好姐妹應該會有興趣，我馬上拍照傳給講西語的 Eric 請他即時翻譯。

「噴了此香水可讓身邊的男生對你產生好感，進而喜歡上你」Eric Line 這樣寫。

愛情蠟燭——「在密閉的空間裡點燃，讓男生聞到此香味他就會對你有慾望。」

分手粉——「讓喜歡的男生跟他的女友分手的粉末。」

以上是 3 款我買給我姐妹的伴手禮。我再次強調，這 3 樣是送給姊妹的，我自己一樣都沒留。

途中的聖法蘭西斯教堂（Basílicade San Franciso）是很可惜的一個景點，巴洛克式的建築以及特有的圓弧狀塔樓其實很優美，只是我們經過的當天，教堂上被掛滿了廣告帷幕；有歷史感的巨型木門上貼滿了廣告貼紙；教堂前的攤販把應該要有的莊嚴感擠到喇叭聲不停歇交通也混亂的馬路上去——不知怎麼的，我們都不怎麼想拍照。

想停就停、想走就想。就算迷路也無所謂。

「回旅館去吧！」

於是我們又開始氣喘吁吁地往有著彩繪玻璃旅館方向的上坡賣力地走去。如果你要我用簡單的一句話來形容拉巴斯，如果不是上坡又下坡，那就是氣喘吁吁了。

沒錢？還要買愛情用品

為了她，我只好破壞最初的換錢協議去換美金，
然後再為了她，回頭去那間可笑的女巫店，
替她買想要的魔法物品。

皮包裡的銅板七零八落地被平鋪在擦不乾淨的油膩玻璃桌上。
每個人無所不用其極地想挖出幾個零錢，好填補不足的餐費，遺
憾的是，再怎麼左掏右翻，錢還是不夠。

明天就要飛去秘魯庫斯科了，身上的玻幣根本所剩無幾，再扣掉
計程車的扣打，以及用餐喝水的預算之外，我們根本不允許有其
他額外開銷。

並不是盤纏已全數用盡，而是如果再掏出美金去換小額玻幣，扣
掉匯率損失實在很不划算，再說，拉巴斯也沒有什麼東西好買的。
都已經把整個包包翻過來了，還是少了 12 元玻幣，大概是 150
塊的台幣，沒辦法，總不能就這樣大搖大擺走出餐廳大門吧！

縱使亞洲人對他們來說都是一個模樣，我們也是要承擔起國民外交的責任，要堂堂正正！我去問櫃台哪裡可以換錢並羞愧地告知「錢不夠」這件事。

櫃檯的弟弟大概是誤以為我在跟他搭訕吧！畢竟是個涉世未深、年約 20 歲的陽光男孩，來！讓姊姊好好地調教你，喂～

不知道是聽不懂，還是覺得姊姊魅力無限，我又跟他用英文解釋了一次，他對我露出了一口白牙笑了一下——跟他亮到發黑的皮膚形成強烈對比的白牙。

他揮揮手，我知道他說沒關係，什麼？沒關係？這樣好嗎？他一直說 OKOK，用他的眼神告訴我那 12 塊不用了，謝謝他在異鄉對我的慷慨，所以我自然也擠出了對情人才會有的溫柔表情笑了笑說：「Thank you.」

腦筋最清晰的蕊內說，「我們身上完全沒有錢了，一定要去換玻幣來度過這一天。」換錢事

小，而如何才能換得有技巧就茲事體大，我們精算了晚餐、水以及計程車的費用，當然還有 Jugo（果汁）的額外支出，決定去換 20 元美金，這樣等到明天到了機場時，身上的玻幣應該就會全部用盡。

我們在晴朗無雲的日正當午，往拉巴斯最有名的女巫市集走去，而我──身無分文、兩袖清風，我倒是一點都不擔心，反正也沒有要買什麼紀念品，畢竟這裡應該也沒有什麼代表性的紀念品，我是這麼想的。

女巫市集人聲鼎沸，吸引了目光的不是擺了形形色色藥品的女巫店，而是藥品上的有趣圖案以及簡體中文字，幾乎所有的圖案都是一男一女，而文字都把功能寫得言簡意賅：「持久」「壯陽」「勇猛」這種圖文並茂的彩色印刷圖案，活靈活現，我大笑──世界上到底有多少人需要壯陽藥啊？

女巫的黑魔法彷彿開始生效似的，我笑著走進明亮、類似伴手禮的店裡開始四處張望，有風乾的小羊駝──司空見慣，有一些穿了西門町租借表演服裝的青龍才會有的公仔──匪夷所思。

啊！一個男女交合的蠟燭吸引我的目光，這是什麼？我看了一下說明，可惡是西語！另一瓶粉色液體上貼著一對熱戀男女的吸引了我的目光，這是什麼？我看了一下說明？可惡又是西語！

射手座的好奇心開始翻攪，我用 google 翻譯同時也 line 我的活

體翻譯機 Eric（現職中南美導遊，是一位阿根廷華裔小帥哥）我才知道一個是愛情香水，一個則是愛情蠟燭。

我馬上想到小甜甜張可昀，於是，我在台灣時間凌晨 3 點時打電話給此刻正常人早已熟睡，而聽到愛情香水，應該就會瞬間清醒的她。

「……幹嘛？！」電話響了很久，她已經睡了。

「我在拉巴斯的女巫村發現有讓人可以愛上你的愛情香水。」

「什麼香水？」她瞬間精神百倍地問我，是一種剛做完 50 下開合跳的聲音。

「可是我身上沒錢 而且我已經離開了。」我逐漸遠離剛剛那間店。

「你給我回去！全部買下來！我要！你買回來給我！」

「你説你在拉什麼女巫市集？」她邊説的同時，已經在電腦上 google 拉巴斯的女巫市集，不浪費一分一秒。

「全部買下來給我！」她幾乎是用吼的，叫我去換錢然後買回去給她，她一定中了女巫的黑魔法！絕對！我受不了她一直吼叫所以把電話掛了。

然後在 3 分鐘之內，她至少發了 40 則 whatsapps 給我，而我為了她，只好破壞最初的換錢協議去換美金，然後再為了她回頭去那間可笑的女巫店，替她買想要的魔法物品。

愛情香水、愛情蠟燭、分手粉。

霸王硬上弓

店內與計程車司機在交談，
付給他 100 坡幣，
理應要找 40 坡幣，
但他只找了 10 坡幣，
然後，就沒有然後了。

　除了「霸王硬上弓」之外，我不知道還有什麼字句可以形容拉巴
斯這位計程車司機大哥的行為。

2 月 4 日，就在要離開拉巴斯前往庫斯科之際，計程車司機竟然
給我來這招，完全的破壞了我對拉巴斯的美好印象（咦？確定是
美好？）

今天的我，從半夜 3 點就被自己的噴嚏吵醒，我一直憋一直憋，
深怕吵醒其他的旅伴，除了不讓時速有 100 公里的噴嚏打出來之
外，我還憋尿，畢竟我們住的是 4 人一間房的青年旅社。

想要去上廁所？你必須要用鑰匙打開明末清初才會有的大鎖頭，
然後走到 30 公尺遠的公共廁所去方便，這還不是最逼人的，你
所踏出的每一步路都會發出「ㄍ一乖ㄍ一乖的」木板聲，有鑑於

此——當然要憋尿！（理直氣壯）

到現在我還是不知道是什麼原因，這間位於拉巴斯山坡上的旅館，讓我整個人過敏到臉腫得跟豬頭一樣，吃了過敏藥之後的淚水鼻水還是不減反增，扛著 18 公斤重的行李，下樓請旅館替我們叫車到機場，我說過，在南美洲你必須很珍惜會講英文的人們。

「60 玻幣到機場」旅館老闆跟我們確認好了之後，揮別了屢屢回飯店都喘得要命的 Lh Residencial Latino，準備前往南美洲最高的機場拉巴斯國際機場。

「No, It's 60！」

「一連串聽不懂的西語」

「The hotel said It's 60 Bolivian dollars to the airport.」

「剛剛那一段我們聽不懂的西語再度重複」

在後車廂下行李的我聽到了前座氣氛緊張且劍拔弩張的對話聲。

是蕊內與計程車司機在交談，付給他 100 玻幣後，他理應要找 40 玻幣，但是他只找了 10 玻幣，然後怔怔地看著蕊內，沒有，一點動作也沒有。

我覺得他在等蕊內的反應，可能很多人會覺得既然溝通不良又沒有多少錢那就算了，如果我們跟一般人一樣算了，他就可以多賺 40 玻幣。

可是射手座的蕊內不這樣想，我也不這麼想，我們不能讓他覺得觀光客就是傻傻的待宰肥羊，當初說好 60 玻幣就是 60 玻幣，這種姑息養奸的心態不可能在射手座的身上發生。

「Senõr, it's 60 B.S. to the airport , you need to give me 30 B.S. now.」我刻意把每個音節加重，面無表情地。

「先生，到機場是 60 玻幣，你必須再給我 30 玻。」我也加入戰局。

司機大哥再度重複了剛剛那一段我們一直聽不懂的西語，他也不甘示弱地加重了語氣以及提高了音量，目前戰況 4 打 1，他大概發覺自己勢單力薄，於是勉為其難地從口袋裡又拿出了 10 玻幣。

先不管遲到了快半小時才來接我們的事了，我們明明叫了一台能放 4 個行李、有大後車廂的旅行車，結果來了根本就只放得下 3 個小行李箱的 4 門房車（汗），我們一群人有 4 個 27 吋的行李箱耶！結果只好把一箱行李以及所有人的包包放前座，然後 4 人全擠在後座，再加上拉巴斯的交通真的亂得可以，地面坑坑疤疤，行駛在路上的每輛車子都在比兇猛！從市區到機場的路線，彷彿打陀螺時，繩子要從底部一圈一圈的繞啊繞的，我這樣形容你們應該有概念吧！

整段前往機場之路又暈又晃又顛簸又驚悚。

還有 20 玻幣喔！大哥。

我數學不好也不至於不會加減吧！我們再度跟他說爭執 60 玻幣，重點是他不懂英文而我們也只會幾個西語單字，這種雞同鴨講的溝通方式其實很逗趣，大概是因為我們幾個火整個上來了，而旁邊又有航警在巡邏，他才又不甘不願的拿了 10 玻幣，但還欠 10 玻幣，最後眼看 check-in 快要來不及了，我們才決定放棄跟他討回 10 玻幣，不然如果時間充裕我一定叫警察來處理。

我在心裡用咒罵目送他離去。

「呼～呼～呼」我用力吸了幾口氣，拉巴斯機場海拔 4 千公尺，在這種高度情緒下還是不要太激動比較好，不然真的會跟我一樣缺氧。

2 月 4 日。

就讓我在眼淚鼻水流不停，噴嚏一直打打打，以及因為情緒過度激動而導致呼吸不順的狀態下，跟人生中就這麼一次的拉巴斯之旅說聲再見。

庫斯科青蛙汁

我決定不聞味道直接喝，

鼓起勇氣喝了我人生中的第一口死青蛙打成汁，

幾乎感覺不到任何腥味，

但，什麼東西卡在我的牙縫？

我用舌頭剃了剃牙，硬硬的，竟然是——

青蛙汁就在中央市場（Mercado Central de San Pedro），今天是在庫斯科的最後一天了，就算心裡一半覺得生的青蛙打成汁真的很噁心，可是另一半又覺得都來到這裡了，再怎麼樣也要去嘗試一下，於是，噁心跟想冒險的心情一直互相拉扯。

中央市場實在太大了，在深灰色類似鐵皮做的斜屋頂搭配之下，一個不留神就會把它當成火車站擦身而過。

秘魯因為水果產量多又豐富，當地人也很喜歡喝新鮮的現榨果汁，不管是市區還是小巷弄你都可以看到掛著「Jugo」招牌，而Jugo 就是果汁（Juice），也是我學會的前三個西班牙文之一。

我本來就是很喜歡喝果汁的人，而秘魯根本就是果汁人的天堂！從市場的入口直線走進去，右手邊第一排整排就是 Jugo 區，琳瑯滿目的熱帶水果，站在水果攤制高點的老闆們，以及放著許多鐵椅的潮溼地板，呈現一個完美的直角三角形，說真的，我必須抬頭仰角 60 度，才有辦法直視輪廓好深邃、眼睛好美的果汁攤老闆娘們。放眼望去，非常的整齊，每一攤都是身穿著白色制服帶著些許果汁污漬的女性，在熱情的用生命吆喝著。

「jugo jugo」她們大聲嚷嚷。
「frog shake ？」我說。
然後是我聽不懂的一連串西語，

「jugo jugo」她們再度大聲嚷嚷。

「frog shake jugo ？」我再説。

她們交頭接耳之後又是一堆我們聽不懂的西語。

只好請出 google 翻譯大神直接輸入青蛙汁的英文然後翻成西語。

「Sí Sí Sí Sí」老闆娘馬上點頭如搗蒜的笑了，本以為可以喝到新鮮生青蛙汁的我，正準備要擔心那噁心的瞬間時，她突然皺了眉頭説：「Moment」要我們等一下，然後就操著手刀往市場的對角線直奔而去某個地方，瞬間消失得無影無蹤。

我們七嘴八舌的討論著她的爆發力與速度感，並且推測她八成小時候有練過田徑的同時，其他果汁店的老闆娘還怕我們跑掉

似的，不時地安撫我們叫我們等一下，就在我們還在困在一團迷霧中，剛剛那位老闆娘又操著手刀奔回來了，我肯定她絕對是短跑健將——還在衝刺中！而且依舊沒有減速！

她抵達終點線的同時，手上還拿著一個塑膠袋，並且在我面前做了一個只差沒有輪胎痕的緊急煞車，然後喘吁吁地打開塑膠袋。

可惡！裡面是一隻又大又肥又白的——死。青。蛙。

又大又肥又白的死。青。蛙。

又大又肥又白的死。青。蛙。

老闆說這隻青蛙比較肥要 5 索爾，加上果汁，整杯青蛙奶昔要價
25 索爾，也就是相當於台幣 250 塊。

可是瑞凡，我並沒有要求要肥的青蛙啊！我可以只要瘦小的青蛙
就好了嗎？

我告訴我自己，

「浩子阿翔都喝了，我堂堂一個外景小公主有什麼好怕的！」

「浩子阿翔都喝了，我堂堂一個外景小公主有什麼好怕
的！」

「浩子阿翔都喝了，我堂堂一個外景小公主有什麼
好怕的！」

這一句話一直在我心裡迴盪！

然後在老闆娘把啤酒、水果，以及那隻肥嫩嫩的青蛙放下去打的
Moment，果汁機「嘎嘎嘎嘎」聲響著，我真的有點後悔我說要
來嘗試青蛙汁這件事。

把整隻死青蛙打成汁然後喝掉真的很驚悚。

隔壁攤位 3 個金髮西班牙女子知道我要喝青蛙汁的時候，她們也

嚇得花容失色。

我決定不聞味道直接喝，我鼓起勇氣喝了第一口——我人生中的
第一口死青蛙打成汁，首先是啤酒先在味蕾上聚焦；再來就是多
種水果的香氣撲鼻而來，
有香蕉的甜以及某種帶酸味的水果，應該是仙人掌，我猜。

幾乎感覺不到任何的腥味，比較令人不舒服的只有那個黏稠度，
每一口你都會感覺那是青蛙的身體被打碎，在你嘴裡順著喉嚨而
下，然後滑入食道在進入胃部。青蛙奶昔順流而下的每一個階段，
你都是有感覺的——因為它太濃稠了！

靠！那是什麼東西卡在我的牙縫？我用舌頭剃了剃牙，硬硬的，
我用力用舌頭把它頂出來一看！
是青蛙的骨頭！是青蛙的骨頭！是青蛙的骨頭！
呸呸呸呸呸呸呸……我直接驚恐地把它吐在地上（對不起），然
後剩下一大杯我再也不想碰，也沒人肯幫我喝的青蛙汁就這麼還
給短跑好手老闆娘。

你一定想知道後來的我有沒有拉肚子，很幸運的我沒有，只不過
沒多久之後我就開始胃絞痛。

趁著天色還微亮時，我們趕緊回飯店打包飛回利馬的行李，我順

便泡了一碗泡麵暖暖胃，最後一天的庫斯科就在很有挑戰的青蛙汁、胃痛以及卡牙縫的青蛙骨頭間劃下句點。

拜託去庫斯科的大家，一定要去中央市場試試看青蛙汁，記得叫老闆娘打碎一點， 青蛙骨頭才不會卡牙縫！

其實治安沒這麼差

到哪裡都一樣，
謹慎行事是必須時時刻刻提醒自己的，
冒險跟危險就只有一線之隔，
拿捏得宜才有愉悅的旅程。

華安把護照美金放在一個俗稱的隱藏腰包裡，然後用上衣把腰包蓋著，每天要出門前，他都會撫摸一次白色的隱藏腰包，帶著感情地輕撫後，再把衣服穿上。

一疊在台灣才用得到的證件，跟喬伊的護照一起擠在腫到快扣不起來的棕色皮夾裡，並且放在深不見底的黑色後背包裡。有幾次，她倉皇失措的在拉巴斯路邊、在普諾的武器廣場前，把手伸進大背包裡撈啊撈地，撈不著頭緒，再索性把所有東西倒出來，她以為皮夾被偷了，而我們也緊張地以為那個放護照的皮夾被偷了。

189

護照就放在芬蘭國民牌紅底白花小包包裡，蕊內到哪裡都提在手上，看似很安全，只是偶爾會在某個駐足過後的地方，被遺忘在沙發上或桌上，好幾次我們狂奔回現場，去找她的紅底白花小包包，心驚膽跳。

而我的護照，在紅色的 Rimowa 護照夾裡，直接丟進後背包的一個大夾層，也是唯一一個夾層，我深知自己的個性，夾層太多反而會找不到東西，倒不如簡單一點就好。

書上說，祕魯的首都利馬，搶劫事件層出不窮，治安欠佳，偷竊、假警察，還有前幾年的夜間巴士搶劫，林林總總問題一堆。

而外交部領事局則把玻利維亞標註為黃色警示，也就是需要特別注意旅遊安全並檢討應否前往的所在，並標註治安不佳、偷竊及搶劫事件頻仍，國人赴該國觀光景點旅遊、住宿、搭乘大眾交通工具等，須格外注意安全等警示語句。

出門在外小心為上是沒有錯，但是沒有必要把自己搞到神經兮兮的。相對來說，我就比較老神在在。

沒有必要刻意避免跟人群接觸，也沒有必要天黑就轉身回飯店，更沒有必要時時刻刻繃緊神經、左顧右盼，只要有人走近就覺得他是扒手，然後緊緊握住包包，這樣的旅遊其實有點不自在。

我一直是愛冒險的人，喜歡追求刺激，可是當你不是獨自旅行的時候，就必須尊重團隊意見。於是，夜間探險被取消，不然我倒是蠻喜歡在夜裡四處逛逛，藉著夜幕低垂來認識城市的夜色。

十幾年前吧！在義大利拿坡里的火車站月台上，我仔細地拿著我們全家的票根，對照月台上高掛的車次表確認車次車種，往龐貝城的距離不遠，但從拿坡里發車的車次太多，身為全家的領隊兼導遊的我必須 triple 確認才行。

火車緩緩的駛入，「check √」車次無誤，跑馬燈顯示「龐貝」。對啦！就是這班，我回頭向我爸媽和妹妹揮揮手，身為前鋒部隊的我確定之後再叫上拖著行李的後勤部隊前來，這樣才是聰明的旅行策略。我斜眼看到兩個臉孔看起來大概才國中生大小、但是身材卻大我兩倍，而且表情不怎麼友善的少女向我走來，遺憾的是，我只有注意卻不以為意。

她們跟我平行錯身而過的瞬間，比較高大，比較靠近我的那個少女推了我一把，一個重心不穩，我往鐵軌的地方倒下去，而在那0.1秒的瞬間我發揮還不錯的平衡感，伴隨著我媽的尖叫聲，讓自己跌了個踉蹌，才防止摔落列車正要駛入的軌道。

我媽的經歷則更勝我一籌。
我媽從馬德里回來後，常常在半夜尖叫醒來，類似創傷症候群的

症狀。「你記不記得有一次我們在西敏寺那裡散步,有人慢跑經過我背後,我就嚇得跳起來,從那裡回來後,只要有人從我後方經過,我也會被嚇到。」我媽說。

「我跟你爸爸就逛了市區景點,吃完晚餐大概 8 點的時候,天色其實還很亮。我們走在種了一排高高行道樹的人行步道上,愜意的聊天散步,飯店就在眼前,而且已經可以清楚看到大門跟招牌了,」「30 公尺,距離飯店只有 30 公尺。」

「一陣急促的腳步聲逼近，突然 4 個人從後方衝出來，包圍我跟你爸爸！兩個人分別勒著脖子把我們扳倒在地上，另外兩個人開始搜身，我一直尖叫，根本無法思考，我看到他們的臉孔，有點像是南美洲的臉孔，他們先把我們的衣服翻開，很老練地想找出所謂的隱形腰帶，然後開始翻開褲管搜我們的襪子，看看裡面有沒有錢。」

「這時我還是緊緊抓著包包不放，大概被勒了 20 秒左右，覺得再不放手就會有生命危險，結果把包包一放，他們拿了就跑。」

「你爸爸躺在地上臉色發白差點休克，我趕快送他到急診室，他說搶我們的不只 4 人，旁邊還有兩個人在把風，總共 6 個人！」
「我在警局報案時滿嘴是血，填資料時遇到一個北歐人，據說他也剛剛被搶。」我媽在形容這段往事時，根本像是重回第一現場般的生動活潑，而我也聽得如癡如醉。

其實不是要嚇大家，也並非呼籲你們不需要注意安全，無論到哪裡都一樣，謹慎行事是必須時時刻刻提醒自己的，只是在這趟南美小旅行中，我發現南美洲人其實很良善熱情，跟台灣人一樣有著濃濃的人情味，所以也不用把自己搞得緊張兮兮，破壞旅遊興致，出門在外凡事低調一點才是上策。

冒險跟危險就只有一線之隔，拿捏得宜才有愉悅的旅程。

我氣急敗壞

對於一個精打細算的人，
所有出門在外的生活必需品
都是仔細精量才打包，
現在突然來一個曬傷攪局，
把我整個 Rundown 都打亂了。

我氣急敗壞。

臉頰上貼著浸潤著化妝水的薄薄化妝棉，臉頰上的刺痛本可以承
受，而刺痛卻隨著曬傷的壞情緒逐漸被放大。

我躺在普諾那間漆了綠色油漆，想企圖表達溫馨但卻不經意地營
造了讓人昏昏欲睡，所以有著慵懶氛圍的青年旅館那又硬又沒彈
性的床上──唉聲嘆氣。

綠色的房間，瓦數很低的黃燈泡，加上我的怨聲載道，整個房間
瞬間暈染成憂鬱的深。紫。色。

「曬傷就曬傷啊！幹嘛那麼傷心，你這幾天多敷個面膜，過幾天就好了。」
「根本就沒有那麼簡單好嗎！」滿臉濕敷化妝棉的我講話有點含糊不清。

高海拔的紫外線，按照合理的推算，如果不擦防曬大概兩小時就讓人毀容。
而我，失算了。
對一個外景經驗有 10 年以上的人來說，抗紫外線應該易如反掌，曬傷有麼好大驚小怪的？對我來說它不是只是生理上的問題而已，而對於一個精打細算的人，所有出門在外的生活必需品我都是仔細精量了用量才打包出門，所以才造就了南美之旅行李 15 公斤這個得意的戰績！

是的。我連化妝水乳液，以至於面膜都是算好這趟旅程的用量才攜帶出門的。
對，連保養都有 Rundown，我承認。不多不少剛剛好。
現在突然來一個曬傷攪局，把我整個 Rundown 都打亂了。
我真的很討厭不按照 Rundown 走的感覺，就好比規律的生活步調被打亂一樣。
無拘無束喜歡冒險，又不喜歡被打亂生活步調，這兩個矛盾點的確和諧的共存在我體內。

普諾沒有所謂的藥妝店，想當然爾，也沒有所謂的化妝水。

街道上只有藥局，而所謂的藥局就是那種看起來很像小時候的柑仔店 Tone 調。

這裡的婦女都不保養的嗎？這個問題從她們乾燥的皮膚紋路裡帶著疑問倏地爬出。

於是我開始沿街觀察普諾這座城市每個人的皮膚狀況，男人、女人、老人還是小孩大家共同的特色就是臉頰紅腫——那可愛的紅蘋果就是曬傷的特徵。

普諾坐在家門前的男人們一字排開，因為日曬而乾燥的皺紋很復刻，而尼泊爾山區的小女孩，鼓著圓圓的紅臉頰跟我兜售著取景極差的明信片，這是幾乎所有住在高處的人們共有的連結，這同溫層裡有著強烈的紫外線，讓他們的皮膚黝黑，雙頰又紅又腫，只是。他們知足也快樂。

拉巴斯總該有百貨公司了吧？我安慰我自己。

百貨公司的一樓一定是賣化妝品，畢竟百貨公司的樓層分佈都是經過心理學的分析而來的，拉巴斯一定可以買到化妝水，好讓我滋潤我那曬傷的靈魂。

沒有。我徒手而歸，在拉巴斯市區走了一天就是沒有找到化妝水。

彷彿藥妝店把自己藏得很完美。

後來我依舊披著刺痛的臉頰在烏尤尼尋尋覓覓。

「拉巴斯這種大都市都找不到了你覺得烏尤尼這種小鎮會有嗎？」我捫心自問，而我無法回答我自己。

曬傷進入了第四天，我還是每天跟老人一樣地碎碎念找不到化妝水的事情。

每天能舒緩臉部的灼熱感以及沒有保養品的焦躁就是一罐在普諾藥局買到的蘆薈膠。

我終於在旅程的一半——第七天，要飛往庫斯科的拉巴斯機場發現了可以代替我所剩無幾的保養品——一瓶超貴的小黑瓶精華液。「也只能咬牙買下去了，畢竟我不想後面的旅行整個臉跟蛇一樣地脫皮。」我是這樣說服小氣的自己。

才用了這瓶精華液第二天，皮膚也就乖乖的聽話變得很水嫩，廢話，我把快 6 千元精華液當化妝水擦！

於是這個小污點一直跟隨著我。

就算我在兩年內征服了吉力馬扎羅，也看了東非大裂谷和動物大遷徙，而皮膚依舊透亮水嫩到可以開直播業配，我還是會永遠記得我挨家挨戶尋找化妝水的窘迫，以及身為一個專業外景人竟然被曬傷的小污點。

紅酒佐文章

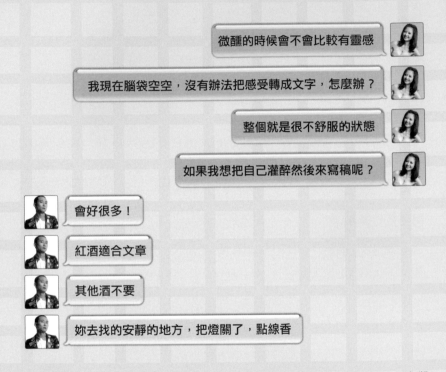

微醺的時候會不會比較有靈感

我現在腦袋空空，沒有辦法把感受轉成文字，怎麼辦？

整個就是很不舒服的狀態

如果我想把自己灌醉然後來寫稿呢？

會好很多！

紅酒適合文章

其他酒不要

妳去找的安靜的地方，把燈關了，點線香

我 WhatsApp 了有文學，我是說，品酒底蘊的浩子，而他這個建議對於想念獺祭 23 的甘美以及烤鮭魚壽司奶油香氣的我來說，根本是場及。時。雨。

這個微涼的星期五，我乖乖聽了浩子的建議，在大雨滂沱下出門，想去買一瓶紅酒回家。

「請問妳的預算是？」銷售員客氣地問著。「我沒有預算」而我霸氣地回答。

自己喝當然要喝好一點的啊，對於平常不喝紅酒只喝白酒的人來說，這樣想沒有錯吧。

「那我覺得這瓶這瓶果香十足的限量款很適合妳！」銷售員小姐拿了一瓶包

裝精美且一看就醉的紅酒到我面前，開始跟我介紹它的歷史，我早已心花怒放地換上露肩黑色性感小禮服和一雙紅底高跟鞋在酒堆裡旋轉，它的歷史產地酒廠製程，對我來說一點意義也沒有──我。只。想。享。受。微。醺。

我終究不耐煩地按下快轉鍵，讓一點也不吸引我的講解結束。
「這瓶定價是？」「6800 元」銷售員字正腔圓地說。暫停鍵被按下。
我身上的露肩性感黑色小禮服瞬間變形成很常穿搭的休閒橫條紋 uniqlo 上衣外加都起毛球的藍色長裙，以及一雙塑膠平底鞋。
「沒關係，我自己喝而已，平價一點就好」我馬上打臉自己。尷尬地。

洗完澡之後坐在書桌前，打開電腦的 word 檔，為了營造一種浩子所謂的浪漫氣氛，我關了燈，還點了玫瑰精油薰香，準備利用紅酒的微醺來刺激大腦製造文章。
我細細的品嘗這瓶來自阿根廷的紅酒，真的如同銷售員所說的不苦澀而且果香濃郁，在房間偷偷喝了半瓶紅酒之後，覺得好舒服、好漂浮，頓時感到靈感就要一觸即發，而且一發不可收拾！

浩子的文學跟品酒底蘊真的是有著一定深度的！
我發了個喝酒照給在巴賽隆納的浩子：「兄弟，我敬你！」

然後我繼續喝；繼續漂浮；繼續覺得好舒服。
接著，文思都尚未泉湧，靈感也還沒被觸發，
我就睡著了。睡著了。睡著了。睡著了。

星期六早上 10 點才起床的我，看到 word 檔上唯一的文字是：
「jjjjjjjjjjjjssssssssssssKKKKKKKKKK」

此文章的作者是我撿回來的第一隻貓咪謝虎林，而這瓶紅酒還花了我快兩千元，全文完。

第三章
蟄伏的記憶

旅行，是尋找自己的一個過程，
旅行中突然湧現與他（她、牠）的共同回憶，
則是生命中最美好的印記。

我愛住Hotel

我一直都很喜歡住旅館，
喜歡看到有設計感的空間一塵不染，
24小時開放的健身房，及恆溫游泳池，
但是，在此趟的南美洲之行
沒有以上任何一項的服務和設施出現過。

我喜歡細細的品味每一間旅店，那是旅人四處漂流的臨時居所，
也是他們短暫的家。

從有記憶以來的旅行，我一直都很喜歡住旅館，最讓我期待就是
打開房門那一刻，映入眼簾的房間景象——
在偌大空間裡，地板一塵不染，那是一種清理過的乾淨氣味；有
設計感的裝潢與擺飾；尚未被 Open 的棉被雪白平滑如豆腐，讓
我根本捨不得躺下。
感謝入住的信函，就放在迎賓水果旁的白酒上，Lounge 的
Happy Hour 是 6 點到 8 點，而正在此時，酒精和食物是無限量

供應；健身房 24 小時開放，而恆溫的游泳池通常也只有我在裡面悠遊自在。

在此趟的南美洲之行沒有以上任何一項的服務和設施出現過，
畢竟是廉價青年旅館記錄著我的南美洲小旅行。
24 小時的健身房？光是把 20 公斤的行李搬到沒有電梯的 3 樓就
已經是最好的負重運動，健身又何必。
恆溫的游泳池？熱水不是斷斷續續就是忽冷忽熱，連房間都沒有
空調了，溫水游泳池根本就是空想。

沒有時尚設計與寬敞空間，當然也是廉價的要素之一。

我們入住在一間拉巴斯山坡上的旅社，有中庭的大廳採光十足，這間算是相對有裝潢的旅館，以橘色和白色為基調，豐富的石雕和擺飾，外加一株株仙人掌與植栽，整體看起來其實很舒服、很自在。

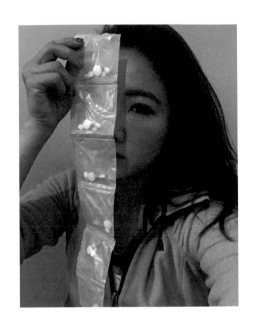

沒有窗戶的 4 人房一打開時我們都傻了，空間小到沒有辦法讓 4 個人在房間裡同時把行李打開——這樣你們應該比較有畫面吧！最特別的是這間旅社給的房門鎖，是那種在鎖腳踏串上的金屬大鎖，半夜想上廁所？你就必須躡手躡腳地先打開鎖住房間的大鎖，然後踩著不管腳步多輕，都會嘎嘎作響的木板走道，並且往 30 公尺之外的公用廁所去。

在拉巴斯的某個清晨，我被自己的噴嚏吵醒，我一直打噴嚏打不停，又因為沒有窗戶，所以空氣不流通到相當悶熱，讓我有點呼吸不順暢，把厚棉被踢開，只蓋中層的毛毯，並且逼自己去睡個回籠覺，而我，卻輾轉難眠到天明。

又折騰了幾小時，醒來之後發現整張臉都腫起來，眼淚鼻水流不停，當然，噴嚏也沒停過，我很清楚那是過敏——嫌疑最大的應該就是毛毯了！畢竟清洗毛毯和清洗床單比較起來，任誰都會覺得床單好清潔多了，我匆匆吞了過敏藥，再打了個噴嚏外加一個重重的嘆息，把 20 公斤的行李搬下樓去。

我特別喜歡有露台的房間，在庫斯科的第一晚，我們住在一間畫廊樓上，是一間有陽台的青年旅館，我倚在欄杆上看著底下街道人來人往。我喜歡這樣看著時間流動，每一次進出旅館都必須穿過畫廊也是很有趣的體驗，我總會刻意地多花上幾秒鐘，仔細的看著待出售的每一幅畫作。畫作裡多半是神聖的馬丘比丘、印加色彩濃郁的傳統建築，或山或水，或大地之謙的眾神祇。

「庫斯科的星巴克後面巷子就有一間 JW 萬豪酒店，而且算是市中心不是嗎？」習慣住在飯店的你看著照片問著。

我不是不愛高檔的星級旅店，在密不透風的青年旅館房間過敏睡不著時，我也一直在想念東京半島酒店的大床。在庫斯科中世紀民宿洗澡時，我也一直在幻想自己正站在首爾 Coex 的 Intercontinental，舒舒服服地淋著花灑一邊哼著歌。

只是，有別於無懈可擊的服務，我更想貼近的，是市井小民的人生百態，特別是南美洲——這個對我來說只是陌生的倒三角形狀的大陸。

旅程最後一站來到利馬，在武器廣場旁邊的這間飯店，有絕佳的地理位置，反正都是行程的尾聲了，我們已習慣把行李扛上扛下。飯店的櫃檯完全不會説英文，也沒關係，我可以用簡單的西語單字，外加 google 翻譯就輕鬆處理完畢。

然後房間一打開，我的臉馬上垮下來，還沒有清潔就算了，我預定的是兩張單人床，他給的房間竟然是一張雙人床。
我又折回去找櫃檯，但是櫃檯説「就是這間」，同時看到飯店員工正在開始打掃房間，這是生平第一次遇到 check-in 之後才開始打掃房間的飯店，接著我聽到樓上有移動大型傢俱的聲音，20分鐘之後，房間清掃完畢，這位員工就匆匆地上樓去把一張單人床組，從其他樓層搬下來，並且放在我 check-in 的房間裡，原來，你們所謂的兩張單人床房間是這個意思哦？就是加床的概念啦！這樣我瞭解了，但是，能不能在我們入住之前，你們就先處理好？

我們在 check-in 之後等了一個半小時，終於入住。
套一句我的好朋友南美洲導遊 Eric 的話：這就是南美洲！

十二角石：命定的印記

站在白牆前的我百思不解地
盯著十二角石，
而連結就這麼產生——
我。與。十二角石。

一切就從庫斯科的十二角石開始。

耳朵後面？可是這樣紮馬尾的時候我媽媽會看見！

腰窩？沒有腰的人刺在腰窩一點意義也沒有。

左手腕？連手錶都沒帶怎麼遮得住？

乳溝？我的乳溝只有尾牙季才會出現。（笑）

腳踝？脖子？肩膀？

****

十二角石之於印加子民有著非常重要的意義，

有人說從前這裡是印加第六代印卡羅卡皇帝的宮殿，而這 12 個角象徵皇帝的一家人，又有另一說法是：12 個角代表一年中的 12 個月份。

我在的的喀喀湖時，也看到十二角石的形狀，而當地人的說法又不同了，湖上的居民認為 12 個角代表太陽、大地、湖水，以及各個重要的神祇。

到底意義是什麼，眾說紛紜，而當時能工巧匠的技術著實地讓我讚嘆不已。

精密切割的石頭巧妙地支撐著西班牙的殖民建築，而支撐著宗教藝術博物館的石堆中有著一塊連一張紙都塞不進去的十二角石，印加人大可以用普通的四角石來完成的既定工序，為何要用複雜的 12 個角？而這 12 個角又必須跟周圍的石頭完美地契合——這不是自找麻煩是什麼？

站在石牆前的我百思不解地盯著十二角石。

站在石牆前的我百思不解地盯著十二角石，而連結就這麼產生——我，十二角石。

中間是個空的十字形，由黃藍綠橘紅黑白以及寶藍 8 種顏色所構成的十二角石耳環，讓我愛不釋手，在路邊跟小攤販買了之後，就迫不及待地勾上耳朵。

這已經是在庫斯科的我們第二次來這間名為 Pucara 的餐廳了，我們坐在裡頭吃著酸酸辣辣（浸泡在檸檬汁裡的生魚 Ceviche），喝著熱呼呼的海鮮湯，討論著刺青這個嚴肅的話題。

從 10 幾年前我就一直很想刺青。

找不到適合的圖案、合適的位置，以及我媽，是我最大的阻力。

在買了號稱手工純銀，但是想也知道鬼話連篇的廉價十二角石耳環之後，我終於找到我要的圖案。

沒有為什麼，就是一個象徵而已。就好比我在 2009 年拜訪了印度之後，吃素吃了兩年，沒有為什麼，就是一個瞬間的啟發或者

念頭而已。

「就赤（刺）神聖的十二角石」
「我要把十二角石赤（刺）在身上，不管我娘」
　我吃著南美洲的特產馬鈴薯，口齒不清的跟大家宣告這個重要
的決定。

尋尋覓覓了十幾年，竟然在庫斯科，找到了我要的答案。
一切就從庫斯科的十二角石開始。

我寫明信片

在每個城市寫明信片已經成為旅行的必需，
我喜歡告訴大家關於遠方的消息，
抱著一種分享的心情，以及一絲絲的炫耀和喜悅。

我寫明信片，但是從來不寫給自己。
我喜歡別人收到我的明信片，但是從來不認真寫內容。

收收寫寫的習慣從 10 年前的浩子與阿翔開始，不管節目帶他們
到哪個國家，他們總會寄明信片給我，這 10 幾年來，我總共收
到了他們 20 幾張明信片。
每一張我都仔細的收藏著，放在一個屬於它們的箱子裡。

我身邊也有明信片收集狂熱份子，他偏激的程度到會把所有收到
的明信片加以編號， 並且把所有寄明信片給他的人，用數量來加
以排名。

我認為大部分想要收到明信片的人，都是想要沾染一點異地的風情，不同國家的郵票、不同語言的郵戳、不同的美麗風景。

的確，當你想著它跋山涉水飄洋過海來到台灣再輾轉到了你手上——任誰都是喜悅萬分。

在每個城市寫明信片已經成為旅行的必需，我喜歡告訴大家關於遠方的消息，抱著一種分享的心情以及一絲絲的炫耀和喜悅。

相較浩子的感性，阿翔就跟我一樣喜歡在寫明信片時胡言亂語。

有張從秘魯來的明信片內容是：

「我在秘魯看到了許多的哈囉，多買了一張明信片不知道要寫給誰只好寫你。」

這張明信片除了文字沒有意義之外，風景還是一位騎著豬的女子，跟他描述的內容一點關係都沒有！

「每次我都要為了挑你的明信片選好久！」阿翔還跟我抱怨！

大部分的內容就是這樣，這就是阿翔寫明信片給我的一貫作風，想當然爾，我也不遑多讓。

有一年我在柬埔寨當志工，寫了一張明信片給這次南美之旅其中一團員。

「我懶得問你地址，所幸寄來公司，沒什麼好說 der，寫些……」

他翻了第一個華麗白眼。

在越南

「我去的是胡志明市，寫給你的是
北越下龍灣，怎樣夠無聊吧！」

在歐洲

「本來要買摩納哥的明信片，
但是太匆忙錯買成尼斯，這裡
我根本沒有去，丟掉又浪費，
乾脆寄給你吧！摩納哥的景色
麻煩你自行想像。」

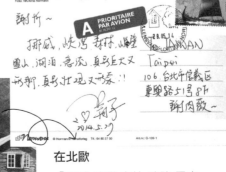

在北歐

「挪威 峽灣 森林 峭壁 雪山
湖泊 急流 真是巨大又無聊；
真是壯觀又無奈。」

「今天我是在柬埔寨最後一天，我有太多明信片要寫，所以不多說了。」他在敘述這事情的時候，翻了一個華麗的白眼。

「讚讚讚！」不要懷疑，我有印象我真的有這樣寫過，對，就只有3個字，讚讚讚。

「明信片買十送一，丟掉也可惜，那就送給你吧！」這個內容是我這次在秘魯寫給阿翔的，只是到目前為止已經一個半月了，至今仍然音訊全無！

我不知道到底庫斯科那間書店門口擺在地上的「類紙郵筒」發生什麼事了，我只知道我一次塞了15張明信片進去，早知道就應該分散風險，不要把雞蛋放在同一個籃子裡。
然而烏尤尼的A片總統明信片卻早已抵達明信片狂熱份子手上了，我是否可以合理懷疑那個庫斯科的郵筒根本是假的！

每次出國我都要寫上15張左右的明信片才能符合廣大的需求，對那麼講求效率的我來說，寫地址真的很浪費時間，加上九成五以上的消費者來自於我們公司的同仁，
於是我想到了一個超省時的好方法──沒錯，我去刻了印章！
我刻了「台北市東興路51號8樓」、「綜藝大集合」「時代經紀」3個印章，來應付寫明信片。

在某一年夏天我去廈門工作一個星期，我就這麼帶著印章跟小印泥飛出去，在所有的明信片內容都寫完的時候，我把每一張明信片攤開，然後我拿著押好印泥的印章並且跟機械化手臂一樣，手起章落手起章落……地「喀喀喀喀」，不用一分鐘，15張明信片的地址全部都蓋好了。

事後，阿翔聽聞此事表示：「激賞（拍手）」

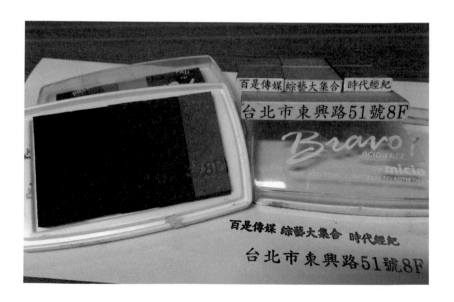

當然，我還是有認真寫明信片的時候，在寫明信片的我，也同時在反覆咀嚼我每日的所見所聞，開啟了另一回合的感官之旅。

> 吳哥窟市區距離蓋廁所的地點香蕉芒果村，有近兩小時的車程，常常一回到旅館第一件事就是洗去全身的汗臭味，反正八月的柬埔寨空調再怎麼開也不會冷，然後我就這麼不穿衣服，圍著一條浴巾敷著面膜開始寫明信片。
>
> 這個時候的我住在橫濱，晚上睡覺的時候對面的摩天輪一直閃啊閃的，覺得刺眼的我就起來乾脆把明信片寫一寫。二月份，是個過年後的日本外景。
>
> 一月的汐留依舊冷得很誇張，我穿了兩條發熱褲襪還是不敵低溫，我其實沒那麼怕冷啊！直打哆嗦的我搭大江戶線去東京車站附近的 JP Tower Kitte 郵便局買郵票，「5 張郵票到台灣」我日文夾雜英文對櫃檯說，我記得很清楚。

相對來説，玻利維亞的明信片好貴，一張就要 70 元台幣，烏尤尼的郵局也老舊的讓人誤以為是酒窖，至少，我從烏尤尼寄出的 3 張明信片安然無恙地抵達台灣，同時還帶著那麼一點點 Saltña 的味道。

城市的顏色

整個城市都是單一的色調，
好比老北京是灰、聖托里尼是藍、阿雷基帕是白，
而庫斯科就是淺淺的磚黃色。

連續緊接著兩個工作後的星期四下午，落枕有比昨天舒服了一些，為了止住傾巢而出的睡意，只好用一種反正都是咖啡加牛奶，味道也不會差到哪裡去的心態，點了一杯漲價之後相對便宜的中杯咖啡密斯朵，窩在熟悉的民權星巴克，填塞第三個工作前的短暫空檔。

望著架上的香草、可可以及肉桂粉，我不假思索地拿起了肉桂粉灑在熱呼呼的密斯朵上。

****

庫斯科的中央廣場是個方正的四邊形，星巴克就坐落在四邊形廣
場的一頭，入口是一條不明顯的石磚路。相隔著一間我無意參觀
的教堂。

二樓玻璃窗旁的座位已被坐滿，無所謂，有個地方可以讓我停下
腳步就好。在每個城市喝星巴克的習慣已經將近 10 年了，就是
喜歡在喧囂中沈澱，在倉促中稍作停留。

庫斯科這個千年的古城是最令我難以忘懷的，跟其他城市比較起
來，除了更濃厚的歷史感之外還多了一份其他城市沒有的細緻。

每棟建築、每座教堂、每道石板路、每個雕花窗台，都是藝術。

一踏進庫斯科，就如同時光倒轉般。

從山上鳥瞰庫斯科，或是從中央廣場環顧整四周，整個城市都是
單一色調，就好比老北京是灰、聖托里尼是藍、阿雷基帕是白，

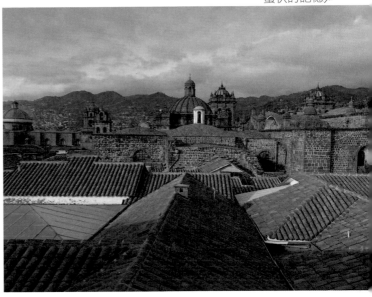

而庫斯科就是淺淺的磚黃色。

這種色調形成一種簡單的美感，不論各國的語言如何在低密度的
空氣中流動，庫斯科，依舊保持著她的一貫優雅，這麼平淡地靜
視著人群。

那幾天的庫斯科就如同春風吹拂的 3 月天。

就算是陽光普照，空氣中依稀可以嗅到水氣的味道；風兒很涼，
披著傳統服飾的婦女抱著羊駝寶寶大聲吆喝，背著大背包的登山
客熙來攘往，而中央廣場草坪旁的狗屎微乾 。

我站在中央廣場的噴水池旁深深的吸了一口氣，我會再訪庫斯
科，我確定。

職業病得不輕

在祕魯要過玻利維亞的邊境，

在世界最高海拔的淡水湖，

在凌晨 4 點的科卡峽谷團之前的 3 點 30 分，

她隨時都可以注意我的髮型，

「沒關係！如果扁掉或直掉我再幫你換。」她說

利馬舊城區黃色車站旁，有間歷史悠久的百年酒吧「Bar Cordano」，這是我向來都無法抗拒的老舊風情，於是我站在門口想隨性的拍張照片，擺了個不羈的悠閒姿勢，等待著攝影組的快門。

「等一下！」本身為髮型師的喬伊衝上來把髮帶調好，並且把因為不適應南美氣候而毛躁的頭髮順好。

然後她打 R 檔，以倒退之姿 back 出了拍照範圍，但是視線始終沒有離開過我的頭，她猶豫了幾秒鐘，又打回 D 檔踩了油門加速衝入拍照區，並且再度喊了一次「等一下」，雙手在我的頭髮上撥來撥去外加喃喃自語：「你的招風耳還是露出來比較漂亮。」

然後把頭髮勾在我的耳後，再順手用不知從哪冒出來的定型液噴了幾下。「嗯，這樣真的好看多了！」她邊打 R 檔退場一邊點頭，一邊滿意地說著。視線還是不離開我的頭髮。

阿雷基帕的武器廣場前面不適合綜藝大集合的大開場，因為不知道是誰的想法在廣場種了一整排的 3 樓高的棕櫚樹，所以要是想要拍到整個教堂的全景的話，一定會被整排樹擋住，所以這裡人潮雖然夠，但是拍起來比較不好。

庫斯科的大廣場就相對適合多了！不但是腹地夠大，如果太陽太大的話還可以移動到教堂的另一面的陰影處去玩遊戲。

庫斯科主廣場唯一的缺點是不能玩「喜從天降」或是「小姐請你給我揹」，那種要爆衝，需要大量氧氣的遊戲，畢竟庫斯科海拔比較高這樣參賽者可能會很容易就喘不過氣，但是如果是「天公疼憨人」這種機率性的，或是速戰速決的「逗陣來開槓」這種遊戲，應該就沒什麼問題，還有我最痛恨的「健康好彩頭」是一定OK的。

我在各個景點參觀的時候一定會有這些想法從腦中閃過。
另外兩位攝影師則是不停地拍照。
每當我轉頭要對他們說話的時候，
他們不是在對焦就是在準備對焦，
不是拿著手機拍照，就是拿著單眼拍照，
不是在找景拍照，就是已經在對著他們心中的理想景點拍照。

「我的構圖是你坐在公園的椅子上，旁邊有隻流浪狗，日正當中的頂光直直地打在烏尤尼主要大街公園兩旁的屋頂上，有落葉、垃圾以及熟睡的流浪狗，這個構圖應該很有趣。」攝影師華安平鋪直敘。

「我不記得我有坐在那張椅子上。」我微怒，微。
「對，後來我沒拍是因為我們從郵局寄完明信片走回來之後，這隻狗就不見了，然後光也不對了！」
「拍照這種事情是很看緣分滴！」

攝影師男用一種帶著深深的怨恨，以及淺淺的遺憾告訴我。

旅途中總是有很多美麗的風景，可是往往就在轉瞬間就稍縱即逝，就跟感情一樣，很多時候那個人就在你眼前，你猶豫了，沒有按下快門，你們就從此錯身而過。

於是，攝影師們構圖、對焦、按下快門。構圖、對焦、按下快門。不管是不是在旅行，不論手上有沒有相機。

****

今天是 4 月 26 日，彰化大村雖然沒有夏季慣有的豔陽高照，但是沒有風的悶熱也是把大家曬得暈頭轉向，冷氣團說好在今晚會登場，於是收工之後的我食慾大增，先吃了一碗蚵仔麵線、一顆芭樂，接著上了高鐵打開堪稱豐盛的排骨便當，開始跟坐在我旁邊的阿翔閒聊。
「過兩天公司要去員工旅遊耶！」我跟阿翔說
「你們行程怎麼排？」我們問了一個坐在前斜方負責剪接的後製人員。
「不知道，我只知道第一天早上在松山車站集合，然後到花蓮，第 3 天從台東坐飛機回來。」她一邊吃著油滋滋的排骨一邊說。
我跟阿翔對看了一眼，這個眼神代表著──對於她只知道這麼多而感到不可思議
「花蓮很長耶！你們要怎麼去台東？」阿翔問。

「絕對是坐巴士。」我說

「那你們住哪間飯店？」阿翔又問。

她一直吃著油滋滋的排骨一臉疑惑地搖頭。

我全身上下的血液開始奔流，我不知道為什麼會如此不安，我發了訊息給同樣會去員工旅遊的經紀部：「把員工旅遊的 Rundown 傳給我看。」

「你是有什麼毛病！」經紀人回。

「我也想看。」阿翔同場加碼。

然後我跟阿翔開始討論並修正我們會如何安排 3 天 2 夜的旅遊。

看到 Rundown 的當下覺得好踏實，於是我一邊在心裡調整這份我不甚滿意的 RD，一邊吃著油滋滋的排骨。

身為主持人的我們真的很在意 Rundown。

「就算在放假的時候只要坐車經過各大宮廟、社區或是農場，我都會用最短的時間看一下周邊的環境，迅速評估這裡適不適合擠得下綜藝大集合一字排開的主持人，加上來賓以及現場圍觀的民眾 500 人以上鄉親。」

一位不具名、已單身良久的外景幕後工作人員，悠悠地說著他的職業病日常。

****

「湯頭略鹹可是濃稠度剛好！」

「番茄和洋蔥丁讓海鮮湯整體喝起來不那麼有負擔。」

「這裡的 Ceviche 魚肉味道也處理的不錯，完全沒有土味。」

在熱情的利馬午後，我們在舊城區河邊找了間餐廳刻意地忽視漫天飛舞的蒼蠅，就這樣吃起了我們的晚午餐，我吃了一口醃生魚，喝了一口海鮮湯，緩緩地吐出這些口感。

然後我自己笑了，在沒有攝影機的狀況下我幹嘛要講口感？

我打趣地找著餐廳的監視器，至少有個監視器可以把我講的口感拍起來也好，

妙了，一台監視器也沒有？

好吧！就只好當成錄影時最不想發生的悲劇：3 台攝影機加 GoPro 都沒拍到吧！

早上 8 點 50 分，我們在普諾的玻利維亞大使館門口排著隊，等著要遞交我們的入境表格，喬伊一直用一種炙熱的眼神盯著我看，看得我都害羞了起來！

「好的，我們來編辮子吧！」

「妳的頭髮夠長，可以編一個跟當地人一樣的髮型。」

她開始動作，對！在玻利維亞大使館門口排隊等開門的時候。

「妳今天的臉比較水腫，又戴了紅色的毛帽。」她眼睛靈活地轉了轉。

「我們來搭兩條可愛的辮子好了，這樣可以修飾一下妳的圓臉。」
她開始動作。對！在的的喀喀湖的小船上，她直接就這麼幫我綁了起來，
俐落的拿起髮膠「嘶嘶嘶嘶～」狂噴了幾下定型液之後，她站在甲板上，很得意地看著我──她的作品。

在秘魯要過玻利維亞的邊境，在世界最高海拔的淡水湖，
在凌晨 4 點的科卡峽谷團之前的 3 點 30 分，她也在我的房間幫我上電棒捲，
我說：「等等我們坐巴士靠在椅背上睡覺，很快就扁掉了。」
「沒關係！如果扁掉或直掉我再幫你換髮型」

以上這些不是職業病是什麼？

那個遇見老鷹的日子

我一直很喜歡老鷹，
想在安地斯山看到展翅高飛的兀鷹。
或許是因為，我那有著藍眼睛的爺爺，
總是帶我去基隆港看老鷹的緣故。

「啊啊啊啊～」鷹兒一直不停的叫著。由遠而近，忽高忽低。

「吵死了！」我說，然後用力的把棉被拉起來蓋住頭。特別是在
難得的休假早晨，住距離海邊不遠處半山腰的我，總是會被牠們
的叫聲吵醒。

我一直很喜歡老鷹。

對於牠們，我一直有種很深的情感，不知道是不是因為我那有著
藍眼睛的爺爺，總是會在下班後抱著小小的我散步去基隆港看老
鷹的緣故。

基隆港的老鷹就是黑鳶，他們是全身暗棕色、尾巴有魚尾狀的大鳥，也是最接近人類的猛禽。

老鷹是食腐性的動物，意思就是牠們專門清理人類或者其他動物直接或間接製造出來的食物。基隆有崁仔頂漁市，漁市裡大部分的魚內臟會沿著曾經的旭川河順流到基隆港裡成為黑鳶的佳餚。

爺爺每次都會要我數一數天空中有幾隻老鷹。

我伸出又肥又短的小手指向天空：「1、2、3、4、5……」

一直到現在，在上高速公路前停紅燈的時候，我還是習慣性的向右側身仰頭，仔細的數著時而在天空盤旋，又轉瞬俯衝入水獵食

的老鷹們！

那是一個炙熱的夏季早晨，我記得。

「1、2、3、4、5……11……」
「叭叭叭叭叭──」我還來不及繼續數，後方車子就不耐煩的狂
按喇叭。
「急個屁啊！」我在車裡咒罵，悻悻然的左轉開上高速公路。
姑且就算它 12 隻吧！而這一天的美好就從 12 隻的老鷹開始。

2016 年的聖誕節，獨自走了一趟在最早的日語詩歌《萬葉集》裡出現過的福岡相島（Ainoshima）。這裡除了是日本九州有名的貓島之外，也是候鳥的中繼站。相島是以捕魚為主的小漁村，港邊一艘艘的漁船庸庸碌碌。大概是陰天的關係吧！實際在島上走著卻有股淡淡的荒涼。

這裡很單純、很安靜，貓咪們自由自在地在主要道路上隨意俯臥。除了寒風刺骨讓我直打哆嗦的聲音之外，就是老鷹們的咆哮聲。

「會不會飛太低啦？」我心裡疑惑，表情卻喜孜孜。不過就 2 樓的高度吧，可以清楚的看見牠們腹部的羽毛，黑白棕 3 種顏色，層次分明。跟基隆的黑鳶比較起來，整體來說，顏色淺多了。我慣性地抬頭數一數，至少有 40 隻。一群鷹兒在靠山面海的空間裡，嬉鬧玩耍也好，爭奪地盤也好，牠們尖銳高亢的大聲喧嘩對我來說好悅耳。

****

飛翔在祕魯首都利馬上空那黑壓壓的一片，又是不一樣的鷹科猛禽了！

牠們在利馬主廣場的華麗建築上清理羽毛，在巴洛克式的鐘樓裡閉目養神，在聖法蘭西斯修道院前企圖想要一窺神祕人骨地窖的奧妙，就連在利馬的度假聖地 Miraflores 都可以看到牠們在曬太陽的蹤跡。

你笑說:「那在這個都是矮矮房子,又有那麼一點南洋風情的巴蘭科區,總不會看到牠們了吧!」那你就錯了,連色彩繽紛的巴蘭科都可以抬頭就見到禿鷹漫天飛舞,甚至在公園都有禿鷹的雕像,你就可以概算禿鷹在利馬的數量是多麼的可觀,而利馬人又是如何跟禿鷹在偌大的城市中和平共處。

我一直很喜歡老鷹,不管是哪一種。
有鷹兒在空中盤旋的地方,就可以看到我愣怔地仰著天。
嘿,給我一點點的時間,別這麼急著離開。

誰的鐵花窗

在白城阿雷基帕看到第一扇黑鐵花窗時，是有點喜出望外的，花招百出的老派鐵花窗對我有種莫名的吸引力。

那是我們的第一天的市區漫遊，從黑色鐵花窗子往裡看去，是一間古董傢俱行。一架積了厚厚的灰塵的木頭色鋼琴就這麼擺在門邊，我刻意仔細的看了一下鋼琴的牌子，以為會是熟悉的史坦威或是山葉。沒看過，我對自己搖搖頭。

而整間店裡一點留白的牆面都沒有，堆積如山的待售商品滿滿掛在牆上，放在老舊的木頭代售書架上，放在任何有可能被顧客看見的地方。
黑鐵窗花跟這間古董家飾店沒有任何違和感，一點也沒有。
大概是治安比較差的原因，在利馬或拉巴斯都可以看到很多低樓層的住戶裝鐵窗， 怎麼看就是沒看到有人裝我們台灣風格的白鐵外加綠色遮雨棚。

我初訪的南美洲有點像是 20 年前的老台灣，鐵花窗花俏的細鐵桿子搭配著

各式各樣的造型窗花，有白有紫有藍有綠，不僅是鐵窗的用色大膽，連牆面都色彩繽紛。

阿雷基帕的白色建築映襯著簡約的黑色鐵窗，更顯白城的清新與簡潔有力。相較之下，有著熱帶南洋色彩的利馬巴蘭科區鐵花窗就顯得花俏許多，像是座五顏六色的大花園，家家戶戶爭奇鬥豔。

從美學的角度來看，現代化的鐵窗真的不太漂亮，清一色的白鐵仔系列，搭配壓克力的綠色遮雨棚，根本一點美感都沒有，不但直接破壞了大樓的景觀，也間接影響市容。反正訴求就只有「把自己牢牢的鎖在家裡，不讓小偷進入就好」，外表看起來有多醜一點都不重要。

比較起來，老建築的鐵窗其實更有風味，反而是一種街頭的風景，本來的鐵花窗圖案就沒有一個所謂的標準，圖案都憑著工匠的創意和技巧來製

造，早期的鐵窗都是工匠們投其屋主所好，也就是替他們量身打造的藝術品。小時候的鐵窗比較像鐵花窗，由下而上先是直線再扭轉，有心型有菱形，有玉佩的花紋，也有簡潔的幾何圖案，有些則刻意搭配木窗框的顏色，選擇同色系抑或是跟磨石子牆面，來個大膽的跳色。

我一直很喜歡所謂的老台北，喜歡在老台北裏漫遊，欣賞每戶住家每棟建築的風貌。特別是在週末的咖啡館之後，下雨沒關係，不要太熱就好。
走在所謂的老台北，就是喜歡鐵花窗那濃濃古意盎然的傲慢姿態。

印象中小時候的鐵窗不是白色就是墨綠色，就算是生鏽了，也是一種懷舊的古典美。住了 5 年的倫敦幾乎沒有鐵窗，就算有，也只有在靠近馬路的一樓窗台會見到，清一色的黑色鍛鐵搭配灰色牆面以及窗邊的植栽，就算總是下

著雨也是給略顯憂鬱氣質的市容，做了點綴。不要說鐵窗，我住的格林威治連鐵門都沒有，只有一扇木門在那裡保家衛國，倫敦治安也沒有台北好啊！

台灣人好像很沒有安全感，至少我是這麼想的。
後來我才知道，小時候漂亮的鐵花窗在 1990 年代後迅速消失的原因，是因為成本高而且需要上漆保養避免鏽蝕，所以在白鐵出現之後傳統的鐵花窗就很快地被取代。
如今童年的鐵花窗已經走入歷史，所剩無幾，必須要仔細地走在老巷弄裡才可以找到勉強沿用至今兒依舊有溫度的老花窗。
「這鐵窗好美喔！」
「竟然有紫色的鐵窗耶！」
我邊走邊拍照，拍下誰的鐵花窗？拍下我的鐵花窗。

第四章
是誰在那個角落

在不經意間，
最美好的相遇就出現在生命中，
溫馨、感動、驚喜等形容詞，
也將突然出現在腦海裡，
令人難以忘懷。

牠們快樂的流浪著

牠們自在也逍遙，單純又美好。
牠們在南美洲，快樂的流浪著。

牠們走近，聞一聞我身上的氣味，我大膽地伸出手觸摸，牠們也給予友善的回應，牠們在城市或鄉間，不論大街或小巷，走著、跑著、笑著。

牠們是快樂的流浪者。
我可以感受到那種直接的情感——至少在我觸摸的每一隻街犬身上，牠們對人，總是沒有一絲的畏懼。

秘魯和玻利維亞的流浪狗很多，幾乎是三步一隻五步一群，而且體型都偏大。

婦女們在路邊蒸煮大玉米時，牠們總是規規矩矩地靜待一旁或坐或睡。

在雜草叢生的路邊空地，牠們是年幼孩童最好的玩伴，即使孩子們每每步履跟蹌。

不到兩萬人的烏尤尼小鎮是牠們快樂的運動場，牠們在就只有那麼大的主要大街上奔跑，餓了就跟賣 Salteña 的小販裝裝無辜，累了就睡在 Plaza Arce（烏尤尼主要街道）的樹陰下。

牠們總是可以在熙來攘往的騎樓下熟睡，牠們的姿態放鬆；毫無戒備。

有的時候，我才摸著牠們的頭到一半，牠們就在大街上倒頭就躺，行人們則毫不在意繞道而行，不想打擾睡得正香甜的牠們。

賣耳環的小攤販一靠近（庫斯科的主廣場），旅遊警察就對著他們毫不留情地吹著哨子要他們離開，而狗兒們悠游自得的在噴水池旁曬著偶爾現身的太陽，打個呵欠又繼續熟睡。

縱使每隻狗都有不同的性格，狗狗的語言卻是全世界都通用。

我喜歡跟動物為伍，特別是貓咪跟狗狗，跟人們比較起來，狗狗更是淺顯易懂。

而所謂的流浪狗有兩種，一種是被棄養之後淪落街頭，所以四處

流浪，而另一種是出生在街頭無家可歸 。

這兩種街犬的共通點都是——牠們必須改變自己的個性去討好人類，或者說，必須依附在人類的環境下才有辦法生存。

就算牠天性害羞，就算牠不喜歡與人為伍，牠也必須為了生存跨近人們的生活圈，而又如果遇到友善的人們，那街犬的生活就更容易也更自在多了。

初訪南美洲，我在大多數的街犬身上感受不到絲毫恐懼。
牠們笑著、奔跑著。

我們在烏尤尼準備搭夜車到拉巴斯時，有隻巨型大狗就這麼睡在

櫃檯前，擋住所有旅客的行李寄放出入口，造成行李託運上的大塞車，櫃檯的工作人員見狀，沒有怒吼沒有責罵，轉身拿了個類似罐頭的東西走出門外，用食物去吸引那隻怎樣都不肯移動身子的大狗，大狗鼻子動了動，緩慢睜開眼睛，慵懶地走出門，開始吃罐頭。

服務人員笑了笑對著我們說：「牠總算移動牠的大身體了，現在我們可以來處理託運行李的事情了。」

然後所有等著託運行李的旅客都笑了。

阿雷基帕的主廣場也有男子與大狗在騎樓下賣藝，男子彈唱著吉他，狗兒為了禦寒而被多穿上一件男人的衣服，我的目光永遠都會被狗兒所吸引，駐足在他們前方，大概是我離家還不久，身上的貓咪味道還很濃郁吧！我一靠近，大狗就對著我的膝蓋狂舔。

「呵呵呵呵呵呵！」我經不起癢地笑著，丟了幾個銅板在吉他盒子裡，又摸了摸大狗，在下著雨的寒冷夜晚，心頭卻是暖暖的。

牠們自在也逍遙，單純又美好。
牠們在南美洲，快樂的流浪著。

我跳動的左胸

她們越來越靠近我，
從小範圍的撫摸到大面積的揉搓，
甚至有個小女孩抱住我，
此時此刻，我感受到南美洲的熱情奔放
在我跳動的左胸。

她們先是好奇看著我，跟其他的小朋友們交頭接耳，個個面帶羞
澀的微笑，然後再膽怯地用小小的手指搓揉我那綠白棕相間的迷
彩風光療指甲，並且發出一堆狀聲詞以及一些聽起來帶有很多情
緒起伏的西班牙文，接著，她們開始大膽了起來，緩緩地、輕柔
地，用小手觸摸我少許的、裸露在陽光下的肌膚。

這一天，我在利馬的聖法蘭西斯修道院，正準備張開雙臂、迎接此趟南美洲的盛夏時，突然被一群看似在校外教學的小朋友們給包圍著。

大概有一百人吧。

一群小女生唧唧喳喳地好像要去參觀教堂似的，她們身上五顏六色的衣服，映襯著抑揚頓挫節奏又快的語調，在教堂前面的她們，顯得很張揚。

有幾個老師只好更大聲的努力維持秩序，但是小朋友們就是不太受控制，畢竟腎上腺素在身上竄流的時候，再怎麼大的斥責聲怎樣也聽不進去。

從他們的身高看來，大概是小學六年級或是國一左右，我猜。

也不是沒有被包圍過，平常錄影的時候就習慣被阿公阿嬤，或是鄉親們熱情的包圍著，只是，這次的感覺格外不同。

小女生們的眼神帶著滿滿的好奇與新鮮感，還有一種幽幽淺淺的畏懼。

別怕！
我把雙眼瞇成一條線，用微笑傳達著友善。

相對來説，南美洲的亞洲人是真的比較少，可是也不至於到

稀有，我到現在還是不知道是甚麼原因讓她們那麼好奇，又或許
她們來自比較偏遠的地方之故吧。

我的善意起了作用，她們越來越靠近我，從小範圍的撫摸到大面
積的揉搓，有人摸著我直直的頭髮，有人捏捏我我圓潤的臉頰，
甚至有人掐了一下我的腰。
突然，有個小女孩抱住我，整顆頭依偎在我胸口，接著她突然做
了一個讓我措手不及的動作——沒錯。
是胸口！她親吻我胸口，就是左胸，心臟的位置。

就是那個遇到喜歡的人就會「砰砰砰砰」心臟強烈跳動的左胸。
我嚇得不敢動，而她也就這麼舒服的躺著。
奇怪的是，我並不覺得不舒服或是感到被侵犯，反而是有點害羞，
除此之外，剩下的就是溫馨和溫暖的感受。

女老師的斥責聲，像童年的折疊式美工刀瞬間割斷了短暫的溫馨
連結，尖銳的怒罵讓包圍我的隊伍頓時散開。老師走了過來，跟
她們還有我說了一段話，聲音依舊尖銳的像一隻鳥在耳邊叫著，
在我完全搞不清楚狀況之際，小朋友們開始依依不捨的跟我拍
照、握手說再見。

這一天，我感受到了南美洲的熱情奔放。
在我跳動的左胸。

他的馬卡糖

「我精心為你挑選的糖果。」
我一邊竊笑一邊把糖果塞給他。
「這是什麼糖？我又不太吃甜的。」
「就是南美洲的壯陽聖品——馬卡做成的糖。」

「我有從南美洲帶紀念品回來給你。」
「你現在在哪裡？我拿去給你。」

帶著一種調皮搗蛋時才有的表情，一邊唱歌、一邊往內湖移動。
車子裡的 CD 都聽到膩了還是唱得不亦樂乎。
特別是孫燕姿系列，《愚人的國度》《我懷念的》，喔！還有《不
為誰做的歌》。
我唱得很大聲，我是這麼的興高采烈。

今天的二月還真的一點都不冷，都二月底了我們都只穿了一件薄
薄的長袖。
「過年那幾天台灣超熱的！」你說。

「科卡峽谷差點把我凍死！」我歷歷在目地描述 4 千 8 百公尺那天的心有餘悸。

肩並肩在大門前席地而坐的我們，跟從前一樣聊著近況，拿出用南美洲超市的綠色塑膠袋裝的馬卡糖遞給你。

「喂，這個給你！」

「我精心為你挑選的糖果。」我一邊竊笑一邊把糖果塞給他。

「這是什麼糖？我又不太吃甜的。」他一臉疑惑把袋子接去看。

他拿起一小包的糖果仔細的研究上面的解說。

「就是南美洲的壯陽聖品——馬卡做成的糖吃了讓你『併蹦叫』」我邊笑邊説。

「我不需要這個啦！」他用台語説著，並且把那包我的愛心馬卡往地上丟。

我一直大笑，然後他也大笑並且翻了很不像白眼的白眼。

我早就沙盤推演過他的反應了（推眼鏡）。

「好啦我還有其他伴手禮給你。」

「拿來！」

走回那台開了 10 年的 Golf 上再拿出第二包東西。

打開後門的瞬間他瞄到我堆積如山的後座，不可免俗地發揮他碎念王

的能力，把握那幾秒鐘的空檔問：為什麼你的車永遠跟貨車一樣？

同樣用南美洲超市的綠色塑膠袋裝的浴鹽被我拿了出來，有薰衣
草香味的、有玫瑰香味的，兩罐都是我從馬拉斯鹽田買回來的，
「很重耶！」「這兩罐看你要選哪一個味道。」
然後他翻了一個比較有眼白但是還是差強人意的白眼。
「你明明知道我家沒有浴缸你還買浴鹽給我！」
「請問我要去哪裡泡！？沒誠意！」
「我新家交屋裝潢好之後會有浴缸啊，甜甜家也有啊！」
「我家的話泡一次酌收場地費 300 元，限時 1 小時。」
白眼。數落。
笑聲穿插著不會翻又要硬翻白眼的節奏，此起彼落。

後記：
小康哥顯得識貨許多。我
把伴手禮給他時，他眼
睛一亮說：馬卡！！並
擺出很 Man 的 Pose ！

利馬最後一日

利馬平價旅館的老闆，
有著台灣人特有的人情味，
大方出借淋浴間，讓利馬的最後一日
以舒適及微笑，畫下句點。

清明連假的連續幾個晴天，給了台北市一抹夕陽的餘韻；
窩在人滿為患的咖啡廳裡，望著外頭的藍天白雲，顯得有點傻氣，
刻意偷了個浮生半日閒，怎樣都說得過去，
你說不去散散步就可惜了這個難能可貴的好天氣。

4 月初的涼風吹拂著，映著淡橘微金色的彩虹河濱公園，
緩衝了晚餐時間一如往昔的歸心似箭。
伴著夜幕低垂，新鮮的鮭魚壽司和 2 割 3 分的獺祭真的是絕配。
今天的夕陽西下跟南美洲之旅的最後一個落日好雷同。

****

利馬車站旁那間百年老字號的 Bar Cordano 裡的戚風蛋糕，跟
好喝的草莓調酒也算是天生一對。

距離晚上的班機還有 10 幾個小時，我們打算去利馬新城區走一走，那就去有著漂亮的海岸 Miraflores 吧！如果不包括跟海一樣大的的的喀喀湖，這一趟旅程走下來，今天是我們第一次看到海。

「是海耶！」
我們在有著繁華商店區的 Larcomar 購物中心觀景台開心地手舞足蹈！對於一個出生在有山有海的城市小孩來説，看到海的瞬間，有一種久違了又突兀的感覺。
聞著鹹鹹海風的我，就像隻曬著太陽的三花貓咪般舒服地咕嚕咕嚕低呼著，縱使陽光大得刺眼依舊，而我們都只能把眼睛瞇成一條線，開心的我們還是買著冰淇淋優格邊走邊吃。

我們大概花了半小時左右在烈日下走路到巴蘭科（Barranco）區，沿路的建築從乏味且單一色調的飯店大樓，逐漸變成有著殖

民風格又色彩繽紛的別墅群，路邊的房子五顏六色，連鐵窗都花俏得很迷人，那白色的大花曼陀羅，就這樣大喇喇地在路邊公園樹叢間垂墜著，跟紫色的巴西野牡丹和桃紅色的沙漠玫瑰一起用力的盛開。綻放。

儘管曼陀羅有毒，我還是覺得它那白綠的配色很奔放，而帶著鹹味的海風則徐徐地吹向來自海邊的孩子。

這裡的樹木我多半不認得，沒有台北很常見的跳舞樹，只有除了橡膠樹還有雞蛋花我可以簡單地辨別出。

到底哪裡來的想法？我們在準備回台灣的當天竟然去吃了中式料理 Chifa ！

這間高朋滿座的店家，讓我們在門口排隊排了一會兒，小老闆是從福建來的第二代，他很開心的用中文跟我們聊天，我們一邊吃著食之無味、棄之可惜的秘魯版廣東炒麵、奇怪的煲湯，以及我每天都要喝的印加可樂，一邊看著用西語配音的痞子英雄第一集，味蕾以及大腦滿滿的都是問號。

巴蘭科的房子多半都只有兩層樓，少了舊城區的熙來攘往，以及新城區的高樓聳立，如果不是天氣太熱，散起步來其實很舒壓，經過了一個滿是黑色禿鷹的小公園之後，有一間以橘色為基底，帶點中美洲風情的星巴克，我應該有說過，我有在路過的星巴克喝杯咖啡的偏執吧！

那麼，我的兄弟

在你旅程結束的時候，我們可以約在沒有低消、沒有禁帶外食的百是咖啡廳裏聊聊天。就選在那間最吵雜，但氣氛已經是全公司最優雅的開會專用玻璃屋裏吧！你會不會環遊世界之後就忘了玻璃屋在哪裡呀（笑），畢竟你連沒有開車出門都可以忘記自己沒有開車，然後一直在找車鑰匙了，而且是非常焦慮在找那一種（攤手）。

玻璃屋就是：我、阿翔還有你結束房產活動之後，在裡面用大力膠貼球衣號碼，後來因為貼得太醜沒法上場使用的那間，你記得嗎？
「我覺得一年之後你絕對忘掉了！」
還有一次我們不知道什麼原因，拿奇異筆在裡面互相追逐畫來畫去，被經紀人大罵「幼稚」，然後她放話說再也不要把我們 3 個人一起 cue 進公司了，你記得嗎？「呃……你一定也忘掉了！」我心想。

你的記憶體有限我知道，把你腦容量空著也好，沿途的美麗風光正等著你，等著你把它們一點一滴的刻印在你的心裡、你的腦海裡。土耳其那五彩繽紛的熱氣球、日本的櫻花雪，是多麼令人屏息凝神的美麗呀！其實就連旅途中與你錯身而過的花草樹木，都將會與你成為密不可分的生命共同體，連健忘的你想忘記都還沒那麼容易。

再過不到 30 天的時間，我就會出現在玻利維亞天空之鏡的湖光倒映裡，我的直覺告訴我：你會喜歡那裡，快問一問在客廳的那隻草泥馬「Uyuni 的天空之鏡」怎麼去？ 牠用充斥著口水聲的西語指引你。

我會買好隔壁棟熱咖啡以及各種口味甜甜圈。等著你帶著滿滿的感動，把你用經緯度所描繪出的美麗記憶，一一，徐徐，說給我們聽。

只有自己親自走過、踏過、品嘗過，

你才可以深刻體會南美洲的炙熱。

那檸檬醃生魚的酸辣、那 Pisco 的順口，

以及安地斯山的豐饒。

我，已經準備好了下一段旅程了，

那你呢？

BAR CORDANO

我去安地斯山一下

謝忻的南美洲之旅

SAN YAU
http://www.ju-zi.com.tw
三友圖書
友直 友諒 友多聞

作 者	謝忻
攝 影	華安
編 輯	羅德禎
美術設計	劉錦堂

發 行 人	程顯灝
總 編 輯	呂增娣
主 編	翁瑞祐、羅德禎
編 輯	鄭婷尹、吳嘉芬、林憶欣
美術主編	劉錦堂
美術編輯	曹文甄
行銷總監	呂增慧
資深行銷	謝儀方
行銷企劃	李昀

發 行 部	侯莉莉
財 務 部	許麗娟、陳美齡
印 務	許丁財
出 版 者	四塊玉文創有限公司

總 代 理	三友圖書有限公司
地 址	106 台北市安和路 2 段 213 號 4 樓
電 話	(02) 2377-4155
傳 真	(02) 2377-4355
E-mail	service@sanyau.com.tw
郵政劃撥	05844889 三友圖書有限公司

總 經 銷	大和書報圖書股份有限公司
地 址	新北市新莊區五工五路 2 號
電 話	(02) 8990-2588
傳 真	(02) 2299-7900

| 製版印刷 | 卡樂彩色製版印刷有限公司 |

初 版	2017 年 7 月
定 價	新台幣 390 元
I S B N	978-986-95017-3-6（平裝）

國家圖書館出版品預行編目(CIP)資料

我去安地斯山一下：謝忻的南美洲之旅 / 謝忻
著. -- 初版. -- 臺北市：四塊玉文創, 2017.07
面； 公分
ISBN 978-986-95017-3-6(平裝)

1.遊記 2.南美洲
754.8   106010266